高校英语
混合式教学实践研究

谢丽丽 著

东北大学出版社
·沈 阳·

图书在版编目(CIP)数据

高校英语混合式教学实践研究 / 谢丽丽著. -- 沈阳 : 东北大学出版社, 2024. 11. -- ISBN 978-7-5517-3728-9

Ⅰ. H319.3

中国国家版本馆 CIP 数据核字第 2025F8M668 号

出 版 者: 东北大学出版社
地址: 沈阳市和平区文化路三号巷 11 号
邮编: 110819
电话: 024-83683655(总编室)
024-83687331(营销部)
网址: http://press.neu.edu.cn
印 刷 者: 辽宁一诺广告印务有限公司
发 行 者: 东北大学出版社
幅面尺寸: 185 mm×260 mm
印　　张: 8
字　　数: 153 千字
出版时间: 2024 年 11 月第 1 版
印刷时间: 2025 年 1 月第 1 次印刷
责任编辑: 汪子珺
责任校对: 王　旭
封面设计: 张田田　潘正一
责任出版: 初　茗

ISBN 978-7-5517-3728-9　　定　价: 45.00 元

前　言

近年来，随着教育技术的不断进步和教学理念的迭代更新，混合式教学在高校英语教学中的应用越来越广泛。许多高校开始尝试将混合式教学引入高校英语课程，通过构建线上学习平台、开发数字化教学资源、设计多样化的教学活动等方式，探索适合自身特点的混合式教学模式。这些实践不仅提高了英语教学的效率和质量，还培养了学生的自主学习能力和团队合作精神，为学生的终身学习和职业发展奠定了坚实的基础。

本书从混合式教学理论基础出发，介绍了混合式教学在高校英语中的应用设计，分析了高校英语混合式教学中的学生自主学习能力培养，并对高校英语混合式教学中的师生互动与合作学习、高校英语混合式教学实践进行了研究与讨论。希望本书能够为读者提供高校英语混合式教学实践研究方面的帮助。

著者在撰写本书的过程中参考了大量的资料，同时也得到了各位同行的鼎力相助，在此向他们表示诚挚的谢意。虽然本书经过多次检查与修改，但仍可能存在疏漏及不足之处，诚挚邀请广大读者朋友批评指正，提出宝贵意见。

著　者

2024 年 10 月

目　录

第一章　混合式教学理论基础

第一节　混合式教学的基本概念

一、混合式教学的核心特征

（一）多样化教学手段

多样化教学手段是混合式教学的一个核心特征，它打破了传统单一的教学模式，为学生提供了丰富多彩的学习体验。在混合式教学中，教师可以灵活运用多种教学方法和技术，如面对面教学、在线学习、小组协作、情景模拟等，充分调动学生的学习积极性和主动性。这种多样化的教学手段不仅能够满足不同学生的学习需求和认知风格，更能促进学生对知识的深度理解和技能的全面发展。

1. 面对面教学

通过面对面的互动交流，教师可以及时了解学生的学习情况，有针对性地进行个别辅导和答疑解惑。同时，面对面教学也为学生提供了一个展示自我、相互学习的平台。学生通过小组讨论、案例分析、角色扮演等形式，深化对知识的理解，提高团队协作和沟通表达能力。面对面教学的亲和力和互动性，有助于建立良好的师生关系和同伴关系，为学生的全面发展奠定情感基础。

2. 在线学习

在线学习突破了时空的限制，为学生提供了更加自主、灵活的学习方式。学生可以根据自己的学习进度和节奏，利用网络资源进行自主探究和拓展学习。教师也可以通过在线平台发布学习资料、组织在线讨论、布置在线作业等，实现教学内容的延伸和扩充。在线学习不仅能够培养学生的自主学习能力和信息素养，更能激发其探究欲望和创新意识。通过在线学习，学生能够接触到更加广阔的知识领域，拓宽学术视野，为未来的发展奠定坚实的基础。

3. 小组协作

通过小组协作完成项目任务、分享学习心得，学生能够感受到集体的力量，学会与他人沟通交流、相互配合。小组协作不仅能够提高学生的社会交往能力，更能增强其组织协调和领导力等综合素质。在小组协作中，学生通过探讨、争辩、妥协等过程，逐步形成批判性思维，培养问题解决能力。这些宝贵的经历将为学生走向社会、适应职场打下坚实的基础。

4. 情景模拟

情景模拟通过创设逼真的情境，让学生身临其境地感受到知识的应用价值。教师可以根据教学内容设计各种情景任务，如虚拟实验、角色扮演、案例分析等，引导学生在实践中学习和探索。情景模拟不仅能够增强教学的趣味性和吸引力，更能促进知识的内化和迁移。通过情景模拟，学生能够将理论知识与实际应用相结合，提高分析问题和解决问题的能力。同时，情景模拟也为学生提供了一个锻炼口语表达、书面写作等语言技能的平台，对其综合素质的提升具有重要意义。

（二）学生自主学习

学生自主学习是混合式教学的重要特征之一。在这种教学模式中，学生不再是被动的知识接受者，而是学习的主人。他们可以根据自己的学习需求、学习风格和学习进度，灵活安排学习时间和学习内容。这种自主性不仅提高了学生的学习兴趣和学习动机，更培养了他们的自我管理能力和终身学习能力。

混合式教学为学生自主学习提供了丰富的资源和灵活的途径。通过在线学习平台，学生可以随时随地访问教学资源，包括教学视频、互动练习、测试题库等。这些资源以多种媒体形式呈现，满足了不同学生的学习偏好。学生可以根据自己的理解程度，反复观看视频、完成练习，直到完全掌握知识点。同时，在线学习平台还提供了即时反馈和个性化推荐等智能化服务，帮助学生及时发现并解决学习困难，优化学习路径。

混合式教学也为学生提供了多样化的学习活动和交互方式。学生可以通过社交媒体等平台，与教师和同学开展异步或同步交流，分享学习心得，解决学习中的疑惑。这种交互不仅拓宽了学生的知识视野，也增强了其表达能力和批判性思维。此外，混合式教学还常常采用项目式学习、问题式学习等方法，鼓励学生开展小组协作，共同完成实践任务。在这一过程中，学生不仅掌握了知识技能，更锻炼了团队合作能力和领导能力等。

（三）教师角色转变

在混合式教学中，教师角色发生了显著转变。传统教学中，教师是知识的传授者和课堂的主导者。而在混合式教学中，教师更多地成为学习的引导者、协助者和参与者。这种角色转变不仅源于教学模式的变革，更源于教育理念的更新和学生主体地位的凸显。

混合式教学强调以学生为中心，注重学生自主学习和个性化发展。在这一过程中，教师不再是高高在上的权威，而是学生学习的引路人。教师需要根据学生的兴趣爱好、认知特点和学习需求，精心设计教学内容和学习活动，为学生提供丰富多样的学习资源和体验。同时，教师还要引导学生制订合理的学习计划，帮助其建立科学的学习策略，培养其自主学习的意识和能力。这就要求教师从“教书匠”向“教学设计师”转变，从“知识的传授者”向“学习的引导者”转变。

在混合式教学中，教师还要成为学生学习的协助者。面对面教学与在线学习相结合，使得学生的学习方式更加灵活多样。但这也对学生的自律性和学习能力提出了更高要求。教师需要通过及时的反馈和指导，帮助学生克服学习困难，解决学习问题。无论是课堂教学还是在线教学，教师都要与学生保持密切的互动和沟通，及时了解学生的学习进度和学习状态，有针对性地提供帮助和支持。这种教学相长的过程，不仅有利于学生知识技能的习得，更有助于师生情感的交流和学生价值观的塑造。

此外，混合式教学还要求教师成为学生学习的参与者。在信息技术的支持下，教师不仅要组织和管理学生的学习活动，还要参与到学生的探究、讨论、协作等过程中。通过与学生一起探索未知、解决问题、分享见解，教师能够拉近与学生的距离，建立起平等、友好的师生关系。这种亦师亦友的角色定位，既能激发学生的学习热情，又能促进教师自身的专业成长。

二、混合式教学与传统教学的对比

（一）教学模式对比

混合式教学与传统教学存在显著差异，这种差异不仅体现在教学形式上，而且深刻影响着教与学的内在规律。传统教学以教师为中心，以知识传授为主导，学生被动接受，缺乏主动探索和实践的机会。教师通过课堂讲授、板书演示等方式传递知识，学生通过听讲、记笔记、完成作业等方式接受知识。这种“满堂灌”式的教学虽然能够在短时间内传授大量知识，但学生的学习兴趣和主动性难以被调动，知识的内化和应用也受到限制。相比之下，混合式教学以学生为中心，注重知识的主动构建和实际应用。在这一模式下，教师不再是知识的唯一传播者，而是学习的引导者和促进者。教师通过精心设计线上线下相结合的教学活动，为学生提供丰富多样的学习资源和实践机会。学生通过在线学习平台自主学习理论知识，利用课堂时间参与讨论、完成项目，在实践中深化对知识的理解和运用。这种教学模式充分尊重学生的个体差异，满足其个性化学习需求，激发其探究欲望和创新潜能。

从教学内容来看，传统教学偏重理论知识的系统传授，注重学科的系统性和完整性，但往往忽视了知识与实践的联系，脱离了学生的生活实际。而混合式教学在重视基础知识传授的同时，更加强调知识的应用价值和实践能力的培养。教师精选与学生生活、社会发展紧密相关的教学内容，引导学生将所学知识运用于实际问题的分析和解决，培养其批判性思维和创新能力。同时，混合式教学还注重学科之间的交叉融合，通过项目学习、案例分析等方式，帮助学生建立起完整的知识体系，提升其综合素质。

从教学评价来看，传统教学重视结果评价，通过期中期末考试等标准化测验评判学生的学习效果，忽视了学习过程的重要性。这种评价方式往往导致学生为分数而学，片面追求考试技巧，难以真正提升综合能力。而混合式教学采用多元评价体系，综合考查学生的知识、能力、情感态度等方面的发展。教师通过在线测验、课堂表现、项目报告等多种形式，动态跟踪学生的学习进程，并及时给予反馈和指导。学生通过自评、互评、教师评等多个维度，全面认知自己的优势和不足，调整学习策略，不断提升自主学习能力。

（二）学习效果对比

在混合式教学中，学生可以通过在线平台自主安排学习进度，反复观看教学视频，巩固理解知识点。同时，学生还可以利用在线讨论区与教师、同学交流互动，针对疑难问题进行探讨，加深对知识的认识。这种自主学习的过程不仅培养了学生的自学能力，更重要的是激发了学生的学习兴趣和探究欲望，使其能够主动构建知识体系，实现由“要我学”到“我要学”的转变。

除了在线学习，混合式教学还注重线下面授环节的设计。教师可以根据学生在线学习的情况，有针对性地组织课堂教学活动，如小组讨论、案例分析、项目实践等。在这一过程中，学生不再是被动的听众，而是学习的主体，通过与他人协作、交流，提高分析问题、解决问题的能力。教师则从知识的传授者转变为学习的引导者和促进者，通过精心设计教学情境，引导学生将知识运用到实践中，加深对知识的理解和内化。

（三）资源利用对比

混合式教学中的资源利用具有独特优势。与传统教学相比，混合式教学能够更好地整合各类教育资源，实现优势互补、资源共享。在线教学平台的引入，拓展了教学资源的获取渠道。教师不再局限于教材和参考书，而是可以充分利用网络资源，如微课、慕课、教学视频等，丰富教学内容，创新教学方式。同时，学生也能够根据自己的学习需求，自主选择和使用适合自己的学习资源，实现个性化、差异化的学习。

混合式教学还能够促进教学资源的高效配置和综合利用。传统课堂教学往往受到时间、空间的限制，教师无法兼顾每一名学生的学习需求。而在混合式教学中，教师可以将一些基础性、重复性的教学内容制作成在线课程，学生通过自主学习掌握相关知识，课堂时间则主要用于讨论、答疑、实践等高阶认知活动。这种教学资源的重新配置，不仅提高了教学效率，也使得师生互动更加聚焦和深入。

混合式教学还为教学资源的持续更新和优化提供了便利。在传统教学中，教学资源的更新往往滞后于知识发展的速度。而在混合式教学中，教师可以随时通过网络获取最新的学术成果和前沿动态，并将其及时融入教学。同时，教师还可以根据学生的反馈和学习数据，动态调整教学策略和资源，实现教学的持续改进。这种资源的动态更新和优化，有助于保持教学内容的先进性和实效性。

三、混合式教学的适用范围

（一）高等教育

在新时代背景下，高等教育面临着前所未有的机遇和挑战。一方面，知识经济时代对创新型人才的需求日益增长，对高校人才培养提出了更高要求；另一方面，信息技术的迅猛发展为教育教学改革注入了新的活力，为高校教学模式创新提供了广阔空间。在这一形势下，如何立足时代需求，深化教育教学改革，创新人才培养模式，已经成为摆在高校面前的紧迫课题。

混合式教学作为一种新型教学模式，通过线上线下相结合的方式，在拓展教学时空、优化教学资源配置、促进师生互动等方面展现出独特优势。将混合式教学引入高校教学，有助于突破传统教学的时空限制，为学生提供更加丰富、灵活的学习体验。一方面，线上教学不受时间、地点的约束，学生可以根据自己的学习节奏，随时随地访问教学资源，开展自主学习。这种灵活、便捷的学习方式，能够最大限度地满足学生个性化、多样化的学习需求。另一方面，线下教学为学生提供了面对面交流、互动的机会，有利于培养学生的沟通表达能力、团队协作意识。通过参与小组讨论、课堂辩论等互动式教学活动，学生能够在碰撞思想、交流观点的过程中，深化对知识的理解，提升分析问题、解决问题的能力。

此外，混合式教学还为优化教学资源配置、提高教学质量创造了有利条件。在传统教学中，教学资源主要集中在课堂，教师的讲授是唯一的知识来源。而在混合式教学中，教师可以充分利用信息技术，整合优质教学资源，为学生提供更加丰富、多元的学习内容。例如，教师可以将国内外优秀教学视频、案例资料等引入线上教学平台，帮助学生拓宽视野、深化理解。同时，教师还可以利用大数据技术，实时跟踪学生的学习行为和学习效果，及时调整教学策略和方法，实现教学的精准化、个性化。这种资源整合与数据分析方式，为提升教学质量、优化教学管理提供了有力支撑。

（二）职业教育

从制度层面来看，完善职业教育制度体系是推动职业教育高质量发展的关键。这就要求我们立足国情，借鉴国际经验，构建符合中国特色、体现时代要求的职业教育制度框架。一方面，要健全职业教育法律法规，为职业教育的规范化、制度化发展提供法治保障；另一方面，要完善职业教育标准体系，提高职业教育质量和效益。同时，还要建立健全现代职业教育管理制度，推动政府、行业、企业、职业院校等多元主体协同育人。只有形成完备的制度体系，职业教育才能焕发出新的生机与活力。

从内容层面来看，更新职业教育教学内容是提高人才培养质量的必由之路。

在知识更新日新月异的时代，职业教育必须紧跟产业发展前沿，根据市场需求调整专业设置，优化课程结构。教学内容要强调理论与实践的结合，注重学生职业能力的培养。课程设置要体现前瞻性和适应性，既要传授学生必备的基础知识，又要及时引入行业最新技术，使学生的所学知识与职场需求相适应。教学内容的更新创新，需要校企深度合作、产教深度融合。企业要参与到教育教学全过程中来，为学生提供实习实训的机会，共同开发课程体系。唯有不断充实、完善教学内容，才能培养出适应时代要求的高素质技术技能人才。

从路径层面来看，推进产教融合、校企合作是职业教育改革发展的必由之路。职业教育要服务于区域经济社会发展，培养面向生产、建设、管理、服务一线需要的高素质劳动者和技术技能人才。这就要求职业教育必须主动对接产业需求，促进专业设置与产业结构的动态调整；要大力推行工学结合、校企合作、顶岗实习等人才培养模式，加强学生实践能力训练；要鼓励职业院校和行业企业在一体化课程开发、师资培养、实训基地建设等方面展开深入合作。只有“引企入教、引教入企”，校企合作才能“由表及里”，为职业教育输送新鲜血液。

（三）继续教育

从个人发展的角度来看，继续教育有助于提升专业技能，跟上时代发展步伐。在知识更新速度不断加快的今天，单凭学历教育所学已远远不够，只有持续学习，不断充电，才能保持竞争力。通过参与各类继续教育项目，个人可以及时了解行业前沿动态，掌握最新的理论知识和实践技能，提高工作绩效。同时，继续教育还能拓宽个人的知识视野，培养多元化的能力，为职业转型和发展提供更多可能。

从组织发展的角度来看，继续教育是提升人力资源质量、增强核心竞争力的有效手段。高素质的人才是组织生存和发展的根本，而继续教育恰恰为人才培养提供了有力支撑。通过有针对性地开展继续教育，组织可以及时弥补教育者知识技能的不足，提高团队的整体素质和创新能力。同时，继续教育还能增强教育者的忠诚度和归属感，激发其工作热情，为组织注入持续发展的动力。

从社会发展的角度来看，继续教育是推动经济转型升级、构建学习型社会的重要力量。在知识经济时代，国家和地区的核心竞争力很大程度上取决于人力资本的质量。而继续教育通过持续提升劳动者素质，为经济高质量发展提供智力支持。同时，继续教育的普及还有利于缩小教育鸿沟，促进教育公平，为社会的和谐稳定贡献力量。

第二节　混合式教学的主要理论支撑

一、学习理论

（一）建构主义学习理论

建构主义学习理论强调学习者中心，主张教学活动应以学生为主体、教师为主导。这一理念与混合式教学的学生中心设计不谋而合。在混合式教学中，教师不再是知识的唯一传播者，而是学习活动的组织者、引导者和协助者。教师需要根据学生的认知特点和学习需求，精心设计教学内容和活动，为学生提供丰富的学习资源和体验，充分调动其学习积极性和主动性。同时，混合式教学还注重发挥学生的自主性，鼓励学生根据自身特点和需求选择学习内容、控制学习进度、拓展学习途径，让学生真正成为学习的主人。

建构主义学习理论重视学习情境的创设，认为情境是影响学习效果的关键因素。这一观点对混合式教学具有重要指导意义。在混合式教学中，教师应努力营造真实、复杂、多元的学习情境，将知识学习与实际应用紧密结合，帮助学生建立起完整的知识意义网络。例如，教师可以利用信息技术手段，通过视频、动画、虚拟仿真等方式创设逼真的问题情境，让学生在探究和解决问题的过程中实现知识的内化和迁移。又如，教师可以组织学生开展小组协作学习，引导学生在团队互动中相互启发、共同建构，在协商和对话中实现认知发展。

建构主义学习理论强调学习过程的协作性和交互性。这一理念与混合式教学的交互性设计高度契合。在混合式教学中，师生互动和生生互动是促进知识建构、提高学习效率的关键因素。教师应精心设计多样化的交互活动，如在线讨论、实时问答、头脑风暴等，为学生提供充分表达观点、相互交流的平台。同时，教师还应合理利用社交网络工具，搭建学习共同体，鼓励学生分享学习心得、交流学习经验，在平等对话和思维碰撞中实现认知重组。值得注意的是，在交互活动中，教师应注重引导学生进行深度思考和反思，避免流于表面、形式化的交流。

（二）情境学习理论

情境学习理论强调学习应发生在真实情境中，强调知识的情境性和实践性。

这一理论认为，知识不是独立于情境而存在的抽象符号，而是与特定情境紧密相连的。学习者只有置身真实的情境中，亲自参与实践活动，才能真正理解和掌握知识。因此，情境学习理论为混合式教学提供了重要启示。

在混合式教学中，教师应致力于为学生创设贴近真实生活和未来职业的学习情境。通过情境设置，学生能够将所学知识与现实问题建立联系，加深对知识意义的理解。同时，情境还能激发学生的学习兴趣和动机，使其全身心投入学习过程中。例如，在英语混合式教学中，教师可以利用网络平台创设虚拟的语言交际情境，如网上商城、旅游景点等，让学生在真实语言环境中进行互动和交流。这种沉浸式的语言学习体验，不仅能提高学生的语言运用能力，更能培养其跨文化交际意识和国际视野。

此外，情境学习理论还强调学习共同体的作用。在特定情境中，学习者通过与他人协作、交流，共同探索知识意义。这种社会互动有助于促进学习者对问题的多角度思考，激发创新思维的碰撞。在混合式教学中，教师应注重营造开放、平等、互助的学习氛围，鼓励学生通过小组协作、在线讨论等形式开展合作学习。在协作过程中，学生能够相互启发、取长补短、共同提升。这种社会性学习不仅有利于知识的内化，更能培养学生的团队精神和沟通能力。

从认知工具的视角看，情境学习理论为混合式教学中技术的运用提供了理论依据。在真实情境中，学习者往往需要运用各种认知工具来解决问题，如搜索引擎、概念图等。这些工具不仅是知识获取的渠道，更是思维活动的载体。在混合式教学中，教师应引导学生合理利用信息技术，如在线资源库、虚拟仿真等，为其提供丰富的认知工具。学生在运用这些工具的过程中，能够形成多元化的知识表征，加深对知识的理解和掌握。同时，认知工具的运用还能培养学生的信息素养和创新能力，为其终身学习奠定基础。

（三）自主学习理论

自主学习理论强调学生在学习过程中的主体地位和自我管理能力，这与混合式教学的理念不谋而合。在混合式教学中，学生不再是被动的知识接受者，而是学习的主人。他们需要在教师的引导下，根据自身的学习需求和特点，制订切实可行的学习计划，选择适合自己的学习方式和进度，评估和调整学习策略，最终实现既定的学习目标。这一过程对学生自主学习能力的要求很高，需要其具备较强的自我认知、自我监控和自我调节能力。

自主学习理论为混合式教学中的学生角色转变提供了理论依据。根据这一理论，学生在混合式学习环境中应该成为自己学习的主人，而不是被动地接受教师灌输的知识。教师则应从知识的传授者转变为学习的引导者和促进者，为学生营造自主、探究的学习氛围，提供必要的学习支持和策略指导。例如，教师可以与学生共同商讨学习目标和任务，引导学生制订个性化的学习计划；在学习过程中，教师要适时给予反馈和指导，帮助学生克服困难，调整策略；在学习评价中，教师要重视学生的自我评估和反思，鼓励其总结经验、提高自我管理能力。可以说，没有学生自主学习能力的提升，混合式教学就难以真正发挥其优势，实现因材施教、个性化学习的目标。

自主学习理论也为混合式教学中在线学习资源的设计和开发提供了指引。在线学习资源是学生自主学习的重要载体，其设计的科学性和合理性直接影响学生的学习效果。根据自主学习理论，在线学习资源应该具有开放性、灵活性和交互性的特点，为学生提供自主选择、自我控制的空间。具体来说，在线学习资源应该包含丰富多样的学习内容和形式，如微课视频、电子文档、在线测试、讨论区等，以满足不同学生的学习需求；同时，学习资源的呈现方式应该灵活多变，允许学生根据自身特点调整学习路径和节奏。此外，在线学习资源还应提供及时的反馈和互动机会，如智能化的答疑解惑、同伴间的协作交流等，以增强学生的学习动机和参与度。总之，以自主学习理论为指导设计开发的在线学习资源，能够很好地支持和促进学生的自主学习，提高混合式教学的质量和效果。

二、教学理论

（一）探究式教学理论

探究式教学理论为高校英语混合式教学改革提供了重要指导。这一理论强调以学生为中心，通过创设问题情境、引导学生自主探究，促进其知识的主动构建和能力的全面发展。在英语教学中，教师可以利用丰富的网络资源，精心设计探究任务，激发学生的学习兴趣和求知欲望。例如，教师可以提供一段英语视频素材，要求学生通过观看视频、查阅资料，分析视频所反映的文化现象，并用英语表达自己的看法。在这一过程中，学生不仅能够深化对英语语言知识的理解，提高听、说、读、写、译等语言技能，更能形成独立思考、勇于质疑的批判性思维。

探究式教学理论还注重培养学生的自主学习能力和协作精神。在混合式教学中，学生可以利用在线学习平台，根据自己的学习需求和节奏，灵活安排学习时间和内容。同时，教师还可以在线上组织小组协作学习，引导学生通过讨论、辩论等方式，共同完成探究任务。这不仅能够提高学生的学习效率，更能增强其沟通表达能力和团队合作意识。此外，探究式教学理论还有助于增强学生跨学科知识整合和迁移的能力。英语学科与其他人文社会学科（如文学、历史、哲学等）有着天然的联系。教师可以设计一些跨学科的探究任务，如分析英美文学作品中的哲学思想、探讨英语国家的历史文化传统等，引导学生建立起系统完整的知识架构，并提升其人文素养。

（二）合作学习理论

1. 合作学习强调学生的主体地位和教师的引导作用

在合作学习中，学生不再是被动的知识接受者，而是通过小组互动、讨论交流，主动参与知识的探索和意义的构建。教师则从知识的传授者转变为学习的引导者和促进者，通过精心设计教学活动，为学生提供合作学习的平台和机会。在混合式教学中，教师可以利用在线学习平台，设计协作性学习任务，引导学生开展小组探究，发挥合作学习的优势。

2. 合作学习注重发挥学生的个体优势，促进团队协作

每名学生都有自己独特的知识背景、能力特长和视角观点。合作学习鼓励学生畅所欲言，积极贡献自己的想法和见解，同时要虚心听取他人意见，取长补短、相互启发。这种互动交流不仅有助于拓宽学生的知识视野，更能培养其沟通表达、团队协作等关键能力。在混合式教学中，教师可以通过分组讨论、角色扮演等多样化的协作活动设计，为学生搭建合作学习的舞台，激发其参与热情和创新潜能。

3. 合作学习强调过程性评价和反思性学习

在合作学习中，学习的过程与结果同等重要。教师不仅要关注学生完成任务的结果，更要重视其在合作过程中的表现，如参与度、贡献度、沟通效果等。通过观察记录、提问反馈等多元评价方式，教师可以全面了解学生的学习状况，及时给予指导和帮助。同时，合作学习还注重学生的反思性学习，鼓励其总结

经验、反思不足，不断优化自己的学习策略和协作方式。在混合式教学中，教师可以利用在线学习平台的数据分析功能，掌握学生学习行为和进展情况，有针对性地开展教学诊断和作出改进。

4. 合作学习有助于营造积极的课堂氛围，增强学习的趣味性

传统的教学模式往往以教师讲授为主，学生被动听讲，课堂气氛沉闷枯燥。而合作学习通过生动活泼的小组活动，为学生创设了轻松愉悦的学习情境。学生在交流讨论、头脑风暴中激发思维火花，在角色扮演、情景模拟中感受学习乐趣，课堂氛围因此变得热烈而富有朝气。这种积极向上的学习体验，不仅能够提高学生的学习兴趣，更能培养其主动探究、勇于创新的科学精神。

（三）反思性教学理论

在反思性教学理论指导下，教师需要系统地收集和分析教学信息，全面评估学生的学习状况和教学效果，发现教学中存在的问题，并积极寻求解决之道。这就要求教师具备敏锐的观察力、严谨的分析能力和审慎的决策能力。同时，教师还应该与学生保持良性互动，通过与学生的平等对话了解其真实想法，根据学生的反馈信息不断修正教学策略。在这一过程中，教师逐步形成开放、包容、民主的教学风格，营造轻松愉悦、充满活力的课堂氛围，激发学生的学习兴趣和探究热情。

此外，反思性教学理论还强调教学反思应该是一个系统化、常态化的过程。教师不能只在出现问题时才进行反思，而应该将反思贯穿于教学的全过程。课前，教师要认真钻研教材，分析学情，设计教学方案，预设可能出现的问题和应对策略；课中，教师要密切关注学生的课堂表现，随时调整教学节奏和方式，化解学习障碍；课后，教师要全面总结教学得失，评价学生的学习效果，思考改进的措施。久而久之，教师形成“教学－反思－再教学－再反思”的良性循环，教学水平和教研能力才能得到持续提升。

反思性教学理论的提出和实践，对于推动教学模式的变革、提高教学质量具有重要意义。它打破了教师“独角戏”式的授课方式，实现了教与学的良性互动；它超越了僵化的“教书”观念，实现了知识传授与能力培养、价值塑造的有机统一；它改变了教师的角色定位，实现了从“知识的搬运工”到“学习的引导者”、从“教学的主宰者”到“教学的研究者”的转变。在反思性教学理论指引下，教师不断反思并进行教学实践，持续提升专业素养，不断推动教师专业化发展。

三、交互理论

（一）社会交互理论

社会交互理论为混合式教学的实施提供了重要的理论基础。在混合式教学中，师生、生生之间的互动交流是提高教学效果的关键因素。社会交互理论强调，学习是一个社会互动的过程，学生通过与教师、同伴的交流互动，在原有认知结构的基础上建构新的知识和技能。在这一过程中，语言作为最重要的交互工具，在学生的认知发展中发挥着不可替代的作用。教师应通过创设真实情境、组织协作探究等方式，引导学生积极参与到人际互动中，促进其语言能力和思维能力的提升。

从维果茨基的最近发展区理论来看，学生的认知发展水平不仅取决于其已有的知识和技能，更依赖于在教师和同伴的帮助下可以达到的潜在发展水平。在混合式教学中，教师应根据学生的实际状况，为其提供指导和帮助，引导其度过“最近发展区”，不断突破已有认知水平的上限。同时，教师还应积极营造师生平等、生生合作的课堂氛围，鼓励学生通过与他人的互动交流，实现自身经验的重组和升华。只有让学生成为学习的主人，调动其参与互动的主动性和创造性，才能真正实现由“要我学”到“我要学”的转变。

皮亚杰的认知发展理论也为社会交互在混合式教学中的应用提供了重要启示。皮亚杰指出，儿童的认知发展是一个主动建构的过程，而这一过程离不开同化和顺应两种互补的心理机制。在社会交互中，学生一方面要将外部信息纳入已有的认知图式，实现对外部世界的同化；另一方面又要不断调整、改造原有图式，实现对环境的顺应。教师应为学生提供开放性的探究任务，鼓励其与同伴开展深度互动，在多样化的信息碰撞中实现认知的双向建构。

（二）认知交互理论

具体而言，教师应创设真实、复杂的学习情境，引导学生在情境中主动探索、发现问题。这种情境可以是案例分析、项目任务、实践活动等，旨在激发学生的认知冲突，唤起其探究欲望。在此基础上，教师还要为学生提供必要的学习支撑，如提示信息、参考资料、同伴协作等，帮助其克服认知障碍，逐步内化和建构知识。这一过程离不开师生、生生之间高质量的认知互动，如提问、讨论、辩论等，互动过程本身就是一种认知建构活动。

从认知互动的视角看，在线学习资源和活动的设计至关重要。教师应精心开发在线课程，提供形式多样、内容丰富的学习资源（如微视频、动画、虚拟仿真等），为学生创造沉浸式、交互式的学习体验。同时，线上讨论区、协作平台等互动工具的应用也不可或缺，学生可以在这些平台上展开深度思考和对话，相互启发，共同提升。对教师而言，适时介入学生的在线学习过程，引导其反思、评价和改进，对于优化认知互动质量同样重要。

此外，混合式教学中的面授环节也蕴含着丰富的认知互动机会。教师可以组织学生开展小组合作学习，围绕共同的学习任务开展头脑风暴、角色扮演等，在“做中学”的过程中实现认知建构。对于重点、难点问题，教师还可以通过启发式讲授、个别辅导等方式，与学生展开深度互动，帮助其突破认知瓶颈，形成完整、系统的知识架构。

（三）情感交互理论

情感交互理论为混合式教学创设了一种新的视角和路径。在传统的教学模式中，教师与学生之间的情感互动往往被忽视，教学过程也多以知识传授为主，较少关注学生的情感体验和需求。然而，随着教育心理学研究的深入，人们逐渐认识到情感因素在学习中的重要作用。积极的情感体验能够激发学生的学习兴趣，调动其主动性和创造性；而消极的情感体验则会抑制学生的认知功能，影响学习效果。因此，在混合式教学中注入情感交互理论，对于优化教学过程、提升教学质量具有重要意义。

情感交互理论强调教师与学生、学生与学生之间应建立积极、和谐的情感联结。教师不仅要关注学生的认知发展，更要关注其情感需求和心理状态。通过亲和、尊重的态度，教师能够拉近与学生之间的心理距离，营造出温暖、支持的课堂氛围。在这种氛围中，学生更愿意表达自己的想法，分享学习感悟，积极参与到教学互动中来。同时，教师还应引导学生之间开展合作学习，通过小组讨论、角色扮演等方式，增进彼此了解，建立友好关系。良好的同伴关系能够为学生提供情感支持和智力激励，促进其社会性发展。

在混合式教学中融入情感交互理论，还需要教师创设丰富、有趣的教学情境。枯燥、单一的教学内容和方式很难调动学生的情感、引发其学习兴趣。相反，如果教师能够巧妙设计教学情境，将知识点与现实生活相联系，设置适度的认知冲突和问题情境，就能引发学生的好奇心和探究欲望，使其产生积极的情感体验。例如，在学习“生态系统”相关知识时，教师可以利用多媒体技术展示各种生态环境的图片和视频，让学生身临其境地感受大自然的奇妙。又如，教师可以设计一个“生态危机”的模拟情境，让学生扮演不同的角色，体验生态失衡带来的后果，从而引发其对环境保护的情感共鸣。类似的教学设计不仅能够深化学生对知识的理解，更能培养其科学的态度和价值观念。

在情感交互的过程中，教师还应重视对学生的情感引导和疏导。学生在学习过程中难免会遇到困惑和挫折，产生消极的情绪体验。这时，教师需要及时发现并予以疏导，帮助学生恰当地表达和宣泄情绪，重拾信心和动力。例如，面对学习困难的学生，教师不应简单地批评或责备，而应通过积极的言语鼓励、适时的学业指导，帮助其找到解决问题的方法，体验到成功的喜悦。又如，面对在小组合作中出现矛盾的学生，教师应客观分析问题的原因，引导学生换位思考，学会包容和欣赏他人，体验到合作的快乐。总之，情感引导和疏导是教师教学智慧的体现，对于学生的健康成长和人格塑造至关重要。

四、动机理论

（一）内在动机理论

内在动机源于学生对学习活动本身的兴趣和热爱，源于对知识探索的渴望和对能力提升的追求。内在动机驱使下的学习，学生表现出更高的专注度、更强的持久力，学习效果也更加显著。因此，在教学实践中，教师应致力于激发和培养学生的内在学习动机，引导其树立“为我而学”的理念，使其真正成为学习的主人。

1. 教师要创设能够激发学生兴趣的教学情境

心理学研究表明，兴趣是最好的老师。当学生对所学内容感兴趣时，他们会全身心地投入学习中，主动探索、积极思考，获得乐趣的同时掌握知识和技能。因此，教师要选择贴近学生生活实际、符合其认知特点的教学内容，采用生动形象、富有吸引力的教学方式，用故事、游戏、实验等多种形式呈现知识，激发学生的好奇心和求知欲。同时，教师还要为学生提供动手探究、自主学习的机会，让他们在“做中学”中感受学习的快乐，体验创造的喜悦，从而不断增强内在学习动机。

2. 教师要帮助学生树立学习自信

学习自信是学生产生和维持内在学习动机的重要前提。当学生对自己的学习能力持肯定态度，相信通过努力可以取得进步和成功时，他们会表现出更强的学习意愿和对更高的学习目标的追求。反之，学习自信缺失往往会导致学习动机低下，陷入“学不好”的消极困境。为此，教师要创设宽松、民主、平等的课堂氛围，提供充足的鼓励和支持，在学习内容和难度上因材施教，让每名学生都能品尝成功的快乐。此外，教师还要引导学生正确看待学习挫折，将其视为成长必经的阶段，而非能力不足的体现，并从错误中吸取教训，调整策略，重拾信心。相信在师生共同努力下，学生定能逐步树立起强大的学习自信，激发其持久的内在学习动力。

3. 教师要培养学生掌控学习的意识和能力

相关研究发现，当学生意识到学习受自己控制，投入学习和获得进步倚仗个人意志和行动时，他们会产生更强的责任感和使命感，表现出更高的内在学习动机水平。因此，在日常教学中，教师要淡化外在考评压力，避免将学习等同于应试，要引导学生将学习视为自我完善、自我超越的内在需要。同时，教师要教授学生科学的学习策略，帮助其掌握自我监控、自我评价、自我反思的方法，逐步成长为自主学习的主体。唯其如此，学生才能形成内化的学习动力，即便离开了教师和课堂，也能坚持不懈地学习，实现自我发展的目标。

（二）外在动机理论

具体而言，成绩评价、奖励措施、竞争机制等都是常见的外在激励手段。科学合理的成绩评价体系能够及时反馈学生的学习状况，帮助其明确优势和不足，从而激发进一步提升的动力。同时，基于成绩表现给予物质奖励或荣誉表彰，能够强化学生的成就感和自豪感，满足其获得认可的心理需要。适度的竞争机制则有助于营造积极向上的班级氛围，激发学生的斗志和进取心。当然，外在激励的运用需要把握分寸，避免过度依赖物质刺激而损害学生的内在学习动机。

除了直接的激励措施外，教师的教学策略和课堂管理方式也会产生外在动机效应。富有吸引力和感染力的教学内容、创新灵活的教学方法、民主平等的师生关系，都能够激发学生对学习的兴趣和热情。当学生感受到学习过程的乐趣和挑战时，就更容易投入时间和精力，展现出积极主动的学习态度。反之，枯燥乏味的课堂气氛、僵化死板的教条灌输，则会严重削弱学生的学习积极性。可见，营造良好的学习环境和氛围，关乎外在动机的有效发挥。

（三）自我决定理论

自我决定理论强调个体在行为选择和调节过程中的自主性和能动性，是当前激发学习动机的重要理论基础。该理论认为，人类有三种基本的心理需求：自主性、胜任感和归属感。当这些需求得到满足时，个体就会产生内在动机，表现出更多自发、积极的行为。反之，如果这些需求受到挫折，个体的内在动机就会减弱，行为表现也会趋于被动、消极。

在教育情境中，自我决定理论对于理解和激发学生学习动机具有重要启示。传统教学往往以教师为中心，学生被动接受知识灌输，很少有机会进行自主探索和决策。这种教学模式容易导致学生内在动机的丧失，学习兴趣和效果也难以保证。而基于自我决定理论的教学则强调以学生为中心，尊重学生的自主性，鼓励其参与学习过程的决策，并提供必要的支持和引导。在这种教学模式下，学生能够根据自己的兴趣和需求选择学习内容和方式，在实践中不断提升胜任感，并通过与他人的互动获得归属感。久而久之，学生的内在学习动机就会不断增强，学习投入度和学业表现力也会随之提高。

具体来说，教师可以采取以下策略来满足学生对自主性、胜任感和归属感的需求，从而激发其学习动机，即教师应该为学生提供适度的选择空间，让其在学习目标、内容、方式等方面拥有一定的自主权。同时，教师还要让学生了解每个选择背后的意义和后果，帮助其作出理性、负责任的决定。教师要为学生创设合适的挑战，让其在付出努力后获得成就感。这就要求教学内容既要有一定难度，又不能超出学生的能力范围。此外，教师还应该及时给予学生反馈和鼓励，帮助其认识自身进步，建立自信心。教师要为学生营造良好的师生关系和同伴关系，让学生感受到来自他人的关怀和支持。这可以通过开展合作学习、组织班级活动等方式来实现。

五、认知负荷理论

（一）内在认知负荷

内在认知负荷（Intrinsic Cognitive Load）是认知负荷理论中的一个核心概念，它是指学习者在处理学习材料时，由学习材料本身的复杂性和元素之间的交互作用所引起的认知负荷。换言之，内在认知负荷取决于学习任务的本质难度，与学习者的认知水平和学习策略无关。内在认知负荷的高低直接影响着学习效果，因此在混合式教学设计中，合理控制内在认知负荷是提高教学质量的关键。

从认知心理学的角度来看，工作记忆的容量是影响内在认知负荷的重要因素。工作记忆犹如一个瓶颈，它限制了学习者在同一时间内能够处理的信息量。当学习材料的复杂程度超出工作记忆的处理能力时，学习者就会感到认知过载，难以有效地加工和存储新信息。因此，在设计混合式教学内容时，教师应充分考虑学习材料的内在复杂性，合理控制信息的呈现方式和节奏，避免对学习者的工作记忆造成过重负担。

具体来说，教师可以采取以下策略优化内在认知负荷，即对学习内容进行必要的简化和分解。将复杂的概念或原理拆分为若干个简单的组成部分，循序渐进地引导学生理解和掌握。利用多种表征形式呈现知识，适当运用图像、动画、音频等非文本信息，为学生提供多种感官刺激和认知通道，降低理解难度。加强学习内容之间的逻辑关联，帮助学生建立清晰的知识结构，引导其主动思考不同概念之间的联系，促进知识的系统化和条理化。

此外，教师还应关注学生的认知特点和个体差异。不同学生的认知能力和学习风格各不相同，对同一学习内容的理解和掌握程度也存在差异。因此，教师需要提供多样化的学习资源和活动，满足不同学生的学习需求。同时，要给予学生足够的时间和空间进行消化吸收，鼓励其通过练习和反馈来巩固新知。只有充分尊重学生的认知规律，才能真正实现因材施教，促进每一名学生的有效学习和发展。

（二）外在认知负荷

外在认知负荷（Extraneous Cognitive Load）是指在学习过程中，由教学设计和学习材料的呈现方式所引起的认知负荷。与内在认知负荷不同，外在认知负荷并不直接促进学习，反而会占用学习者的认知资源，妨碍学习。因此，在教学设计中，应尽量减少外在认知负荷，为学习者留出更多的认知资源，用于处理与学习任务直接相关的内容。

减少外在认知负荷的一个重要策略是精简学习材料的呈现方式。冗长复杂的文本、不必要的图片和动画等，都会增加学习者的认知负荷，分散其注意力。相反，简洁明了的文本、突出重点的图表，则有助于学习者快速抓住要点，减轻认知负荷。因此，教师在设计学习材料时，应该遵循“少即是多”的原则，尽量使用简单、直观的方式呈现内容。

此外，合理安排学习材料的呈现顺序也能有效减少外在认知负荷。如果学习材料的呈现顺序与学习者的认知加工过程不一致，学习者就需要花费额外的认知资源来调整和适应，这无疑会增加外在认知负荷。因此，教师应该根据学习内容的逻辑结构和学习者的认知特点，合理安排学习材料的呈现顺序，使其与学习者的认知加工过程相匹配。

第二章　混合式教学在高校英语中的应用设计

第一节　高校英语混合式教学的设计原则

一、以学生为中心的设计原则

（一）全面分析学生需求

在进行需求分析时，教师应全面考虑学生的语言基础、学习动机、认知特点等因素，采用多种方式收集第一手资料，力求勾勒出一幅细致、真实的学生学情画像。

从语言基础来看，大学生的英语水平呈现出明显的多样性和差异性。一些学生已经具备较高的语言能力，能够熟练运用英语进行口头表达和书面写作；而另一些学生则因缺乏系统训练或学习兴趣不高，语言基础相对薄弱。对于这种情况，教师既不能"一刀切"地按照统一标准要求所有学生，也不能完全放任学生自生自灭。相反，教师应该在混合式教学中充分利用信息技术手段，为不同层次的学生提供个性化的学习资源和支持服务。例如，教师可以在线上平台中设置分层练习和拓展任务，鼓励基础较好的学生挑战更高难度的内容，同时为基础较弱的学生提供必要的语言技能训练和学习策略指导。通过精准施教，教师能够最大限度地调动每一名学生的学习积极性，帮助他们在语言能力方面取得进步。

从学习动机来看，影响大学生英语学习的因素错综复杂。有的学生学习英语是出于对语言和文化的纯粹兴趣，有的则是为了应对考试或满足未来工作的需要。这些不同的学习动机会直接影响学生对教学内容和学习活动的接受程度。因此，教师在设计混合式教学方案时，应充分考虑学生的学习动机，选取能够引发其共鸣、激发其学习热情的素材和活动形式。同时，教师还应加强与学生的沟通交流，帮助其树立正确的学习目标和价值观念。唯有学生真正认识到英语学习的重要意义，将提高英语水平视为自身发展的内在需求，才能自觉地投入时间和精力，养成良好的学习习惯。

从认知特点来看，大学生已步入成人阶段，逻辑思维能力较强，善于运用归纳、演绎、类比等方法探索事物的内在联系。但与此同时，他们的抽象思维能力尚未完全成熟，仍然需要生动、直观的感性材料作为支撑。针对这一特点，教师在混合式教学中要注重创设贴近学生生活实际的语境，引导学生在具体情境中感知和运用语言知识。例如，教师可以通过网络平台搜集和呈现真实语料，如英语影视片段、新闻报道、名人演讲等，让学生在丰富多彩的语言环境中自主学习和探究。教师还可以充分利用多媒体技术，通过动画、图表、视频等方式直观呈现语言难点，帮助学生理解和巩固所学知识。总之，遵循学生的认知规律，营造身临其境的学习情景，是提高混合式教学效果的重要前提。

（二）学习路径规划

在混合式教学中，学习路径规划旨在根据学生的个性化需求和学习特点，为其量身定制最优化的学习方案，引导学生高效、有序地完成知识的学习和技能的掌握。科学合理的学习路径规划不仅能够最大限度地发挥学生的学习潜力，提升其学习动机和学习效果，更能培养学生自主学习、自我管理的能力，为其终身学习和可持续发展奠定坚实基础。

学习路径规划应遵循因材施教、循序渐进的基本原则。教师需要全面了解学生的知识基础、认知风格、学习习惯等，据此判断其所处的学习阶段和发展水平，进而制订切合实际、具有针对性的学习计划。这种个性化的学习路径能够充分尊重学生的个体差异，满足不同学生的学习需求，使每一名学生都能在合适的学习节奏中获得最佳的发展。同时，学习路径的设计还要注重知识和技能的循序渐进、由易到难，避免因难度过大而打击学生学习的积极性。

在混合式教学中，学习路径规划应充分利用线上线下资源，构建多元化的学习生态。线上学习平台能够为学生提供丰富的学习资料和灵活的学习时间，学生可以根据自己的进度安排，自主选择学习内容和学习节奏。教师则可以利用学习平台的数据分析功能，实时跟踪学生的学习状况，及时调整教学策略。线下学习环节则侧重师生互动和同伴协作，通过面对面的交流讨论，学生能够及时获得教师的指导和反馈，加深对知识的理解和内化。线上线下的有机结合，能够最大限度地激发学生的学习兴趣，营造良好的学习氛围。

（三）学习反馈机制

学习反馈贯穿于混合式教学的全过程。在课前，教师可以通过在线测试、问卷调查等方式，了解学生的知识基础、学习需求和学习风格，从而更有针对性地设计教学内容和活动。在课中，教师可以通过提问、小组讨论、随堂测验等互动形式，及时检验学生对知识的理解和掌握程度，根据反馈情况动态调整教学进度和方法。在课后，教师可以布置在线作业、开展在线讨论，引导学生巩固知识、拓展思路。同时，线上平台还能自动记录学生的学习行为数据，如视频观看时长、习题完成情况、互动频率等，为教师提供更全面、更客观的反馈信息。

从学生角度来看，混合式教学中多元化的反馈方式能够满足其个性化的学习需求。喜欢独立思考的学生，可以通过在线测试、在线作业等形式，获得即时的自我评估反馈；喜欢与他人协作的学生，可以通过小组讨论、在线论坛等形式，与同伴互相启发，获得多视角的反馈；在面对面教学中，学生还能够与教师直接互动，获得更有针对性的指导和反馈。这种个性化的学习反馈与支持，有助于提升学生的学习投入度、自主学习能力和元认知能力。

从教师角度来看，混合式教学的反馈机制有利于实现因材施教、精准教学。通过收集和分析海量的学习行为数据，教师能够洞察每一名学生的学习特点和进步情况，从而提供更具个性化和适应性的教学内容。例如，对于基础薄弱的学生，教师可以补充更多针对性的学习资源和练习；对于学有余力的学生，教师可以提供更具挑战性的拓展任务。此外，数据化的反馈也为教师的教学反思提供了支撑。通过对比不同教学策略下学生的表现，教师能够不断优化教学设计，提升专业能力。

二、教学目标导向的设计原则

（一）目标设定方法

在混合式教学中，设定明确、具体、可操作的教学目标是至关重要的。教学目标不仅为教学活动提供了方向和指引，更是评价教学效果的重要依据。根据布鲁姆教育目标分类学，教学目标可以分为认知、情感、运动技能三个领域。在高校英语混合式教学中，教师应该根据课程性质、学生特点、教学条件等因素，在这三个领域内制定科学、合理的教学目标。

在认知领域，高校英语混合式教学的目标应该涵盖记忆、理解、应用、分析、评价、创造等不同层次。教师不仅要让学生掌握英语语言知识，如词汇、语法、语音等，更要引导学生深入理解语言知识背后的文化内涵，培养其运用语言知识分析问题、解决问题的能力。例如，教师可以设计情境化的语言任务，要求学生在具体语境中灵活运用所学知识，表达自己的观点看法。又如，教师可以组织专题讨论或辩论，引导学生就某个话题进行深入思考和交流，提高其批判性思维能力。

在情感领域，高校英语混合式教学应该注重培养学生积极、正确的情感态度和价值观。一方面，教师要激发学生学习英语的兴趣和热情，帮助其树立学习自信。通过创设轻松愉悦的课堂氛围，提供个性化的学习支持，鼓励学生大胆表达，教师能够有效降低学生的英语学习焦虑，提高其学习主动性。另一方面，教师还应该引导学生形成正确的文化价值观，增强其跨文化交际意识和能力。通过介绍英语国家的文化习俗，组织跨文化交际活动，教师能够帮助学生开阔视野，尊重差异，塑造包容开放的世界观。

在语言技能领域，高校英语混合式教学的目标主要体现在听、说、读、写、译等语言技能的培养上。教师应该根据学生的实际水平，为其设定具有针对性和挑战性的技能训练目标。通过线上线下相结合的方式，为学生提供大量语言实践的机会，并及时给予反馈和指导。例如，教师可以利用在线平台，为学生推送个性化的听力或阅读材料，并嵌入互动测试，实时检测学生的理解程度和掌握情况。又如，教师可以通过组织小组合作项目，为学生创设使用英语交流、协作的真实情境，从而提升其语言综合运用能力。

（二）目标分解与实施

目标分解与实施是教学目标导向设计原则的关键环节。教学目标作为教学活动的预期结果和努力方向，需要通过科学合理的分解，才能准确指导教学实践。在英语混合式教学中，教师应根据课程总目标，结合学情分析，将其细化为若干具体、可测、可达的子目标。这些子目标应涵盖语言知识、语言技能、情感态度、文化意识等多个维度，体现英语学科核心素养的要求。

具体而言，教师可以采用“总－分－总”的策略，先明确单元或课时的整体教学目标，再将其分解为若干行为性目标。这些行为性目标要具有可观察、可衡量的特点，清晰描述学生通过本节课学习应该达到的语言运用能力。在目标分解的过程中，教师还应注重目标之间的关联性和递进性，合理把握知识目标、能力目标和情感目标的比例，体现语言学习的综合性特点。

目标分解完成后，教师需进一步采取措施保障其有效实施。一方面，教师要根据教学目标优化教学内容的选择和呈现方式，围绕目标开展教学活动的设计，做到“教学目标一教学内容一教学活动”三位一体。通过线上线下环境的有机融合，为学生提供语言实践的机会，引导其在语境中应用语言知识，实现言语交际功能。另一方面，教师还应结合教学目标建立多元化的评价体系。

（三）目标评估与调整

教学目标是课程教学的灵魂和指南针，它明确规定了学生通过一段时间的学习应达到的知识、能力和素质要求。高校英语混合式教学要取得预期的效果，必须基于科学、合理的教学目标。然而，静态的目标设定往往难以适应教学实践的复杂多变，因此有必要建立动态的目标评估与调整机制，以确保教学目标始终与学情、教情相适应。

目标评估是动态调整教学目标的前提和基础。教师要客观分析学生的学习起点、认知特点、学习需求等，综合考虑教学资源、课时安排等因素，判断原有目标的合理性和可达性。这一过程可以借助多种评估工具和方法，如问卷调查、访谈、测验、数据分析等。通过多维度的信息收集和分析，教师能够准确把握学生的实际学习状态，发现教学目标与学情的偏差，为进一步调整目标奠定基础。

根据评估结果，教师应及时对教学目标进行必要的修正和完善。一方面，要对过高或过低的目标予以适度调整，使其更加贴合学生的实际水平和接受能力。同时，还要注意目标的层次性和阶段性，根据学生的学习进展设置阶段性目标，引导学生循序渐进地提升英语综合运用能力。另一方面，教师还应根据教学实际对目标内容进行动态补充和拓展。例如，可以适当增加思政元素，将英语学科核心素养的培养融入教学目标之中。又如，可以根据社会需求调整目标导向，加强学生跨文化交际和国际视野的培养。唯有与时俱进地优化教学目标，方能激发学生的学习兴趣，提升教学的针对性和实效性。

三、灵活性与适应性相结合的设计原则

（一）教学内容的灵活性

从内容选择的角度来看，教师应根据教学大纲的要求，结合学生的英语水平、兴趣爱好和认知特点，有针对性地筛选教学内容。除了教材中的必修内容

外，教师还可以引入与教学主题相关的拓展材料，如英文歌曲、电影片段、新闻报道等，丰富教学内容，提高学生的学习兴趣。同时，教师还应关注学生在语言应用中存在的共性问题，有意识地补充相关知识点，加强薄弱环节的训练。这种灵活多样的内容选择，有助于满足不同学生的个性化学习需求，促进其语言能力的全面提升。

从内容组织的角度来看，教师应根据教学内容的特点和学生的认知规律，灵活地安排教学顺序和节奏。传统的“语法一翻译法”往往以语言知识点为中心组织教学，忽视了语言的交际功能和实际应用。而在混合式教学模式下，教师可以打破这种线性的组织方式，根据语言使用的实际情境，设计基于任务或项目的教学单元。这种组织方式强调语言知识与技能的整合，注重培养学生在真实语境中运用语言的能力。教师还可以根据学生的接受程度和反馈情况，及时调整教学内容的深度和广度，确保教学进程与学生的认知节奏相适应。

从内容呈现的角度来看，混合式教学为教师提供了更加灵活多样的教学手段。借助信息技术，教师可以创设形式多样的教学资源，如微课视频、在线测试、互动练习等，为学生提供丰富的学习素材和自主学习的机会。同时，教师还可以充分利用网络平台，组织在线讨论、协作学习等活动，拓展课堂教学的时空范围。这种线上线下相结合的教学模式，能够充分调动学生的多种感官，营造沉浸式的语言学习环境，提高教学的直观性和趣味性。

（二）教学方法的适应性

教学方法的适应性是混合式教学模式设计中不可或缺的重要原则。在高校英语教学中，学生个体差异显著，学习需求多样化，传统的“一刀切”教学模式已难以满足学生的个性化学习需求。因此，教师必须根据学生的实际情况，灵活采用不同的教学方法，以适应学生的学习特点和认知风格。

从认知风格角度看，学生可分为场独立型和场依存型。场独立型学生思维活跃，善于独立思考和自主学习；而场依存型学生则更倾向于在教师的引导下开展学习活动。面对这两类学生，教师应采取不同的教学策略。对于场独立型学生，教师可以提供更多的自主探究机会，鼓励其开展个性化学习；而对于场依存型学生，教师则需要给予更多的学习指导和支持，帮助其逐步提升自主学习能力。

从学习动机角度看，学生可分为内在动机驱动型和外在动机驱动型。内在动机驱动型学生对英语学习本身抱有浓厚兴趣，愿意主动投入时间和精力；

而外在动机驱动型学生则更多是为了应试或获得他人认可而学习。针对这两类学生，教师同样需要采取差异化的激励策略。对于内在动机驱动型学生，教师应为其提供更多展示才华的平台，设计富有挑战性的学习任务；而对于外在动机驱动型学生，教师则可以适当借助奖惩机制，引导其逐步树立学习自信，唤醒内在学习动机。

从学习基础角度看，学生可分为基础薄弱型和基础扎实型。基础薄弱型学生在词汇、语法等方面存在较大欠缺，学习英语时常感到力不从心；而基础扎实型学生则具备较为完善的语言知识体系，学习起来得心应手。面对这两类学生，教师应因材施教，提供不同层次、不同难度的学习资源。对于基础薄弱型学生，教师应针对其薄弱环节给予重点训练和个别辅导；而对于基础扎实型学生，教师则可提供更高阶的学习内容，引导其向更高层次发展。

（三）学习进度的个性化

混合式教学模式在促进学生个性化学习和自主学习方面具有独特优势。传统的“一刀切”教学模式难以满足学生差异化的学习需求，而混合式教学恰恰能够突破这一局限，为学生提供更加灵活、多样的学习路径。在混合式教学中，教师可以根据学生的学习基础、认知风格、学习习惯等因素，为其量身定制个性化的学习方案。这种方案既包括线上自主学习的内容和进度安排，也涵盖线下面授环节的针对性指导和帮助。学生可以根据自身的实际情况，合理调整学习节奏和学习重点，真正成为学习的主人。

个性化的学习进度安排是混合式教学模式的一大亮点。在传统课堂教学中，教师往往按照统一的教学计划授课，很难兼顾每一名学生的接受能力和理解程度。而在混合式教学模式中，学生可以根据自己的学习速度和掌握情况，灵活调整线上学习进度。对于基础较好、理解力较强的学生，他们可以加快学习节奏，挑战更高难度的学习内容；对于基础较弱、学习有困难的学生，他们则可以放慢脚步，反复观看教学视频，巩固基础知识。这种灵活的进度安排不仅能够最大限度地满足学生的个性化需求，也有利于缓解学生的学习压力，激发其学习兴趣和动力。

混合式教学还为学生提供了丰富的学习资源和多元化的学习体验。在线上学习阶段，学生可以通过教学平台获取各种形式的学习材料，如微课视频、电子教材、在线测试等。这些材料形式新颖、内容丰富，能够充分调动学生的多种感官，提高学习效率。同时，学生还可以参与在线讨论、协作学习等互动活动，与教师和同学进行交流互动。这种线上线下相结合的学习方式，既拓宽了学生的知识视野，又锻炼了其自主学习、团队协作、沟通表达等关键能力。

四、技术与教学深度融合的设计原则

（一）技术工具选择

在数字化时代，各种教学技术工具层出不穷，为教学实践提供了丰富的资源和手段。然而，面对纷繁复杂的技术工具，教师应该如何抉择，才能真正发挥其在混合式教学中的优势，提升教学质量和效果呢？这需要教师立足教学需求，把握技术特性，从而作出科学、合理的选择。

1. 服务教学目标

任何技术工具的引入，都不是为了炫耀技术本身，而是为了更好地实现教学目标，促进学生的语言学习和能力发展。因此，教师在选择技术工具时，必须紧紧围绕课程目标和教学内容，考虑工具的针对性和适切性。例如，在听力教学中，教师可以选择语音识别、自动跟读评分等智能工具，为学生提供个性化的听力训练和反馈；在写作教学中，教师可以利用在线协作平台，组织学生开展同伴互评和协作写作，培养其批判性思维和写作能力。总之，技术工具的选择必须服务于明确的教学目标，切实提升教学的针对性和有效性。

2. 考虑易用性和可及性

再先进、再强大的技术工具，如果操作复杂、门槛较高，也难以在教学中普及和推广。因此，教师在选择技术工具时，应充分考虑其对教师和学生的友好程度，力求操作简便、容易上手。同时，还要注重技术工具的可及性，确保每一名学生都能平等地获取和使用这些资源。例如，在选择在线学习平台时，教师要考虑平台对设备和网络的要求，尽可能选择兼容性强、适配广泛的平台，减少学生使用中的障碍。此外，教师还应该提供必要的技术指导和支持，帮助学生熟悉和掌握技术工具的使用方法，消除其在学习中的技术焦虑。

3. 关注交互性和参与度

混合式教学的核心是师生互动、生生互动，技术工具必须能够支持和促进这种多向度的交互与协作。因此，在众多技术工具中，教师应优先选择能够营造交互氛围、提高参与度的工具。例如，教师可以利用讨论区、弹幕、投票等交互式工具，激发学生表达和讨论的热情；利用虚拟课堂、在线小组等协作工具，为学生创设开放、平等的互动环境。通过这些富有交互性的工具，学生能够积极投入到语言实践中，在与他人的交流互动中提升语言运用能力和综合素养。

（二）技术应用策略

技术应用策略是高校英语混合式教学设计的关键环节，它影响教学质量和学习效果。在混合式教学中，技术不再是简单的辅助工具，而是与教学内容、教学方法深度融合的有机组成部分。因此，制定科学、合理的技术应用策略，对于实现教学目标、提升学生核心素养至关重要。

1. 明确技术选择标准是制定技术应用策略的基础

面对五花八门的教育技术产品，教师应根据教学需求和学情特点，遴选最适合的技术工具。通常来说，技术工具应具备易用性、互动性、开放性等特征。易用性是指技术工具操作简单、界面友好，教师和学生能够轻松上手；互动性是指技术工具能够支持师生、生生之间的双向交流和实时反馈；开放性则是指技术工具能够与其他学习平台、资源库无缝对接，实现资源共享和学习迁移。教师应综合考虑这些因素，选择最优质、最匹配的技术产品，为混合式教学保驾护航。

2. 厘清技术功能定位是优化技术应用策略的关键

在混合式教学中，技术可以发挥诸多功能，如呈现教学内容、组织教学活动、支持学习评价等。教师应根据教学目标和内容需求，明确每一项技术的功能定位，避免盲目堆砌或功能错位。例如，在词汇教学中，教师可以利用在线词典、智能学习系统等技术呈现词汇释义、例句等内容，利用思维导图、词云等技术帮助学生梳理词汇间的逻辑关系，利用游戏化学习应用激发学生学习兴趣。这些技术在各自领域发挥了独特优势，共同服务于词汇教学的总体目标。只有做到因需施教、因材施教，技术的价值才能得到最大限度的彰显。

3. 构建技术整合路径是深化技术应用策略的重点

混合式教学涉及多种教学形态和学习活动，如面授课堂教学、在线自主学习、协作探究学习等。不同形态和活动对技术的需求各不相同，教师应通盘考虑，将各类技术有机整合，形成一套完整、连贯的应用方案。比如，教师可以利用智慧教室系统开展课堂互动和实时测评，利用在线学习平台布置课后作业和拓展资源，利用即时通信工具组建协作学习小组，利用虚拟现实技术开展情境体验和角色扮演。这些环节环环相扣、相互促进，技术在其中发挥了润滑剂和催化剂的作用，带动整个教学过程高效、有序地运转。

（三）技术支持与维护

在混合式教学中，信息技术与英语教学深度融合，教学平台、资源、工具等技术要素发挥着越来越重要的作用。因此，建立完善的技术支持与维护体系，已经成为提升混合式教学质量和效率的必然要求。

从硬件设施的角度来看，高校应加强混合式教学所需的各类设备的配备和更新。这包括计算机、移动终端、网络设备、多媒体教室等。同时，学校还应定期对这些设备进行维护和升级，确保其性能稳定、功能完备，能够满足教师和学生日益增长的教学需求。只有硬件设施完善，才能为创新教学模式和方法提供物质基础。

从软件平台的角度来看，高校应着力构建一体化的教学平台，实现教学资源的集中管理和共享。这一平台应涵盖课程管理、在线学习、互动交流、作业批改、成绩评定等多个功能模块，为师生提供一站式的教学服务。同时，平台还应具备良好的用户体验和人性化设计，便于师生快速上手和灵活使用。此外，平台的兼容性、安全性、稳定性也需要得到充分保证。

从技术培训的角度来看，高校应注重提升教师的信息技术素养和应用能力。一方面，学校可以定期组织信息化教学培训，邀请相关专家讲解混合式教学的理念、方法和技巧，帮助教师及时更新教学理念，掌握先进的教学手段。另一方面，学校还应鼓励教师积极参与教学研讨和经验分享，探索混合式教学的有效模式，形成教学相长、共同进步的良好氛围。

从日常支持的角度来看，高校应建立专业化的技术支持团队，为师生提供及时、高效的服务。这一团队应由计算机、网络、多媒体等领域的专业人员组成，其应具备扎实的理论基础和丰富的实践经验。他们不仅要负责日常的设备维护和故障排除，还应主动了解师生的实际需求，提供个性化的指导和帮助。同时，团队还应与教学部门密切协作，参与教学平台的规划、设计和优化，不断提升整个教学系统的智能化和人本化水平。

五、持续改进与创新的设计原则

（一）教学效果评估

传统的教学效果评估往往以期末考试成绩为主要依据，这种评估方式过于单一，难以全面反映学生的英语学习状况和能力水平。混合式教学的教学效果评估应该是多元化的，既要重视终结性评估，也要强调过程性评估；既要关注学生的学业成绩，也要注重其语言运用能力、跨文化交际能力、自主学习能力等多方面素质的提升。

构建科学的评估指标体系是开展教学效果评估的基础。评估指标的设计应该紧紧围绕教学目标，全面考虑学生的认知、情感、技能等多个维度。在认知维度，评估指标应涵盖学生对英语语音、词汇、语法、篇章等知识的掌握程度；在情感维度，评估指标应关注学生英语学习的兴趣、动机、态度等非智力因素；在技能维度，评估指标应重点考查学生英语听、说、读、写、译等语言技能的运用能力。同时，评估指标还应体现混合式教学的特点，既要评估学生在线上学习中的表现，也要考察其线下学习的效果。

丰富教学效果评估的方式方法也是保证评估质量的关键。教师可以根据教学内容和学生特点，灵活采用测试、问卷、访谈、观察、作品分析等多种评估方法，收集全面、可靠的评估数据。在线上教学环节，教师可以利用学习平台记录学生的学习行为数据，如学习时长、学习进度、互动情况等，对学生的学习过程进行动态评估；在线下教学环节，教师可以通过课堂观察、提问、小组讨论等方式，随时掌握学生的学习状态和效果。此外，学生自评、生生互评也是有效的评估方式，它们不仅能够提高学生的参与度和主动性，还能培养其自我反思和评判的能力。

教学效果评估的目的不仅在于评判教学的优劣，更在于诊断教学中存在的问题，改进教学策略和方法。因此，评估结果的反馈与应用是教学效果评估中不可忽视的环节。教师要及时将评估结果反馈给学生，帮助其了解自己的优势和不足，明确努力的方向；同时，教师还应根据评估结果对教学实施方案进行必要的调整和优化，不断提高教学的针对性和有效性。只有形成“评估－反馈－改进”的闭环，教学效果评估才能真正发挥诊断和改进教学的功能，推动教学质量的持续提升。

（二）改进反馈机制

在高校英语混合式教学的设计与实施中，建立完善的改进反馈机制至关重要。这一机制应该贯穿于教学过程的全周期，涵盖教学目标设定、教学内容选择、教学活动组织、学习效果评估等各个环节。

从教学目标设定的维度来看，改进反馈机制要求教师根据学情分析和学生反馈，动态调整教学目标。一方面，教师要深入了解学生的英语基础、学习兴趣、认知特点等，科学制定符合其发展需求的阶段性目标；另一方面，教师还应该通过问卷调查、访谈等方式，及时收集学生对教学目标的意见和建议，并据此进行必要的修正和完善。唯有如此，才能确保教学目标既具有针对性和挑战性，又能够激发学生的学习动机，调动其主动性。

从教学内容选择的角度来看，改进反馈机制强调教师要根据教学实际和学生反馈，不断更新和优化教学内容。在混合式教学中，教学内容不仅包括传统的教材知识，还涵盖了各种形式的数字化学习资源。教师应该综合考虑学生的认知水平、学习风格、兴趣爱好等因素，有针对性地筛选、开发和整合教学内容。同时，教师还要注重收集学生对教学内容的反馈信息，了解其学习体验和学习需求，并据此动态调整内容呈现的方式、顺序和深度。只有建立起教学内容与学生需求之间的良性互动，才能真正实现因材施教，促进学生的个性化发展。

从教学活动组织的层面来看，改进反馈机制突出教师要根据教学效果和学生反馈，持续改进教学活动的设计与实施。在混合式教学中，教学活动呈现出线上线下相结合、自主学习与协作探究交织的复杂形态。教师应该充分利用信息技术手段，创设多元化的教学情境，为学生提供丰富的学习体验。与此同时，教师还要密切关注学生在教学活动中的表现和反馈，及时发现和解决教学中存在的问题，优化活动的组织方式和实施策略。唯有在实践中不断反思、在反思中持续改进，才能让教学活动更加契合学生的学习特点，激发其创新潜能。

从学习效果评估的视角来看，改进反馈机制要求教师要根据评估数据和学生反馈，系统诊断和改进教学质量。在混合式教学中，评估不再局限于期末考试，而是贯穿于教学过程的各个环节。教师要综合运用形成性评估和终结性评估，全面考查学生的语言知识、语言技能、文化意识、学习策略等。同时，教师还要重视学生的自评与互评，引导其主动反思学习过程，提高自主学习能力。通过多维度的评估数据分析，教师可以准确把握教学的成效和不足，并据此调整教学策略，改进教学方法，不断提升教学质量。

（三）创新教学方法

在信息技术迅猛发展的时代背景下，教育教学已经突破了传统的时空限制，呈现出多元化、个性化、智能化的新特征。面对这一趋势，教师必须主动求变，不断更新教学理念，创新教学方法，才能适应新时代教育发展的需求，为学生的全面发展提供有力支持。

传统的教学方法往往以教师为中心，注重知识的传授和灌输，忽视了学生的主体地位和个性化需求。这种“填鸭式”的教学模式难以调动学生学习的主动性和积极性，更无法激发其创新思维和实践能力。而创新教学方法则强调以学生为中心，尊重学生的个体差异，鼓励其主动探索、独立思考。在创新教学中，教师不再是高高在上的“权威”，而是学生学习的引导者、促进者和合作者。教师要善于运用启发式、探究式、讨论式等教学方法，创设问题情境，引导学生自主学习、合作探究，在“做中学”的过程中构建知识体系，提升综合素质。

信息技术的发展为创新教学方法提供了广阔空间。多媒体教学、在线教育、虚拟仿真等现代教育技术的应用，使得教学内容更加生动形象，教学方式更加灵活多样。教师可以利用信息技术手段，为学生提供丰富的学习资源和个性化的学习支持，实现教学的精准化和差异化。同时，信息技术还能拓展教学的时空边界，突破课堂的局限，让学生随时随地进行自主学习，享受优质教育资源。在信息化时代，教师要主动拥抱技术，将其与教学深度融合，不断创新教学模式和方法，为学生营造智慧、高效、愉悦的学习体验。

创新教学方法的核心在于激发学生的创新意识和创新能力。在知识经济时代，创新已经成为推动社会进步的第一动力。培养具有创新精神和创新能力的高素质人才，是教育的重要使命。为此，教师要在教学中注重创设开放性、探索性的学习情境，鼓励学生大胆质疑、勇于尝试。通过设计富有挑战性的学习任务，引导学生进行创造性思考和实践，在解决问题的过程中培养创新意识，锻炼创新能力。同时，教师还要注重培养学生的批判性思维和跨学科思维，引导其打破思维定式，从多角度、多维度分析问题，提出创新性解决方案。唯有如此，才能真正落实素质教育的要求，培养出适应未来社会发展需要的创新人才。

第二节　高校英语教学内容与方法的混合设计

一、教学内容的线上线下融合设计

（一）课程资源整合

课程资源整合是高校英语混合式教学设计中的重要环节。面对海量的英语学习资源，教师需要根据教学目标、学生特点、课程性质等因素，有针对性地筛选、加工、重组各类资源，构建起适用于混合式教学的课程资源体系。这一过程不仅考验教师的专业素养和信息技术能力，更需要教学理念和教学方法的创新。

纵观当前英语教学资源，不难发现其呈现出多样化、碎片化和动态化的特点。传统的教材、参考书等纸质资源固然不可或缺，但随着信息技术在教育领域的广泛应用，数字化资源日益丰富，如在线课程、慕课、微课、电子书、学习软件、语料库等。这些资源虽然内容丰富，形式灵活，但也存在着体系零散、水平参差不齐的问题。因此，教师在整合资源时，首先要明确混合式教学的教学目标，围绕听、说、读、写、译等语言技能的培养，兼顾语言知识、文化素养、思辨能力、自主学习能力等，有的放矢地选取资源。

教师要准确把握学情，了解学生的语言基础、认知特点、学习需求等，选择难易适中、形式多样的资源。既要注重资源的权威性、科学性，又要考虑趣味性、时代性，激发学生的学习兴趣。对于语言基础较弱的学生，可多提供一些基础性、启发性的资源；对于学有余力的学生，则可适当增加拓展性、挑战性的资源，实现因材施教。

教师要善于根据课程性质和教学内容，灵活选用不同类型的资源。比如，在阅读教学中，可整合经典文章、报刊、文学作品等，引导学生广泛阅读；在口语教学中，可充分利用影视资料、演讲视频、对话语料等，创设真实语境；在写作教学中，可借助写作范文、在线批改系统、同伴互评平台等，为学生提供反馈和指导。不同类型的资源相互补充，能够全面促进学生英语能力的提升。

（二）教学平台选择

一个理想的教学平台应该能够为教师提供丰富的教学资源，支持多样化的教学活动，同时为学生营造个性化、智能化的学习体验。在高校英语混合式教学中，教学平台的选择需要综合考虑课程特点、教学目标、学情分析等因素，力求实现线上线下教学的无缝衔接和深度融合。

从课程特点来看，“大学英语”是一门实践性很强的语言课程，其教学重点在于培养学生的语言应用能力和跨文化交际能力。这就要求教学平台能够提供丰富多样的语言学习资源，如视听材料、交互练习、情景模拟等，为学生创设真实的语言应用环境。同时，平台还应具备口语练习、写作批改等功能，便于教师对学生的语言输出进行即时指导和反馈。例如，智慧教学平台“英语趣配音”就专门针对英语口语训练而设计，它利用语音识别、自然语言处理等技术，为学生提供海量真人配音素材，并能够智能评估学生的语音语调，提供针对性的反馈建议。这种沉浸式、个性化的口语练习方式，大大提高了学生的学习兴趣和训练效果。

从教学目标来看，大学英语混合式教学旨在促进学生自主学习能力、协作学习能力、跨文化交际能力等综合素质的提升。这就要求教学平台不仅要支持个性化学习，还要促进师生互动、生生互动，为协作探究提供便利。比如，智慧教学平台“学习通”就集成了直播讨论、头脑风暴、小组任务、同伴互评等功能，为学生提供了丰富的协作学习工具。教师可以利用平台发起专题讨论，组织小组合作，开展探究性学习，让学生在协作互动中提升语言运用能力和批判性思维能力。同时，平台还提供学习行为分析和学情诊断等智能化服务，帮助教师全面掌握学生的学习进度和薄弱环节，从而开展更加精准、高效的教学。

从学情分析来看，当前大学生普遍具有数字化学习的偏好和习惯，对智能技术的接受度较高。这为混合式教学平台的选择提供了有利条件。一方面，教师可以选择集成人工智能、大数据分析、虚拟现实等新兴技术的智慧教学平台，为学生打造沉浸式、交互式的数字化学习体验。另一方面，教师还可以引入学生喜闻乐见的移动学习 App、社交媒体工具等，拓展教学时空，增进师生沟通，提高学生的参与度和获得感。例如，教师可以利用微信小程序、QQ 群等移动学习工具，推送英语学习资源，组织在线讨论，开展碎片化学习，让英语学习融入学生的日常生活。

（三）线上线下教学协调

线上线下教学的协调整合已成为混合式教学改革的重要任务。在线上教学与线下教学的深度融合中，教师需要重新审视自身角色，调整教学策略，创设灵活多样的教学情境，引导学生在不同学习环境中自主学习、协作探究。这一过程对教师的教学设计能力、信息技术应用能力提出了更高要求。

在混合式教学中，线上教学与线下教学并非简单的时空转换，而是要实现教学理念、教学内容、教学方法的系统重构。在教学理念上，教师要树立以学生发展为中心的教育观，尊重学生的个体差异，满足学生的多元需求。在教学内容上，教师要遵循教学规律，整合优质教学资源，设计出适应线上线下不同教学情境的教学活动。在教学方法上，教师要灵活运用启发式、探究式、合作式等教学方式，激发学生的学习兴趣，培养学生的自主学习能力和创新意识。

线上教学与线下教学的协调还要求教师掌握必备的信息技术应用能力。在线上教学环节，教师要熟练使用网络教学平台，通过直播授课、录播微课、在线讨论等多种形式，为学生提供丰富的学习资源和便捷的学习支持。同时，教师还要善于利用大数据技术，及时跟踪学生的学习行为和学习效果，为线下教学的开展提供针对性指导。在线下教学环节，教师则要注重师生互动、生生互动，通过头脑风暴、小组合作、成果展示等活动，引导学生将线上所学知识内化为自身能力。线上线下教学的无缝衔接，有助于实现知识传授与能力培养的双重目标。

二、教学方法的多样化与互动性设计

（一）互动教学工具应用

在高校英语教学中，合理运用互动教学工具能够打破传统课堂的时空限制，为学生创设生动、真实的语言学习情境，培养其英语应用能力和跨文化交际能力。互动教学工具种类繁多、功能各异，教师应根据教学内容和学生特点，有针对性地选择合适的工具，优化教学设计。

多媒体教学平台是互动教学的重要载体。通过多媒体平台，教师可以将文本、图片、音频、视频等多种形式的教学资源整合在一起，创设形象生动的教学情境，激发学生的学习兴趣。例如，在学习英语国家的风土人情时，教师可以播放相关的纪录片或电影片段，让学生身临其境地感受异国文化，加深对课文内容的理解。多媒体平台还能够支持师生、生生之间的实时互动，学生可以通过平台随时提出问题，教师可以及时给予解答和反馈，增强教学的针对性和实效性。

移动学习 App 是互动教学的有力补充。随着智能手机和平板电脑的普及，移动学习 App 已经成为学生自主学习英语的重要途径。这些 App 不仅提供了海量的学习资源，如词汇、语法、听力等，还内置了各种游戏化的学习任务和实时竞赛，学生可以在轻松愉悦的氛围中巩固所学知识，提高英语应用能力。教师可以利用移动学习 App 布置课后作业，跟踪学生的学习进度和效果，既减轻了教学负担，又促进了学生的个性化学习。

虚拟现实和增强现实技术的应用，标志着互动教学进入了一个新的阶段。虚拟现实和增强现实技术能够营造身临其境的学习体验，将抽象的语言知识转化为具象的场景和人物，学生可以在虚拟环境中与英语母语者进行对话，练习口语表达和跨文化交际。例如，学生可以戴上虚拟现实眼镜，漫步在伦敦街头，欣赏泰晤士河的风光，体验英国的生活方式。增强现实技术还能将课本上的静态图片转化为立体动态的场景，学生只需用手机扫描图片，就能观看相关的视频或动画，增强学习的趣味性和互动性。

（二）课堂讨论与辩论

从教学内容设计的角度来看，教师应精心选取富有时代性和挑战性的讨论与辩论主题。一方面，所选主题应紧扣学生的学习生活实际，与其兴趣爱好、专业发展相结合，引导其用英语思考和表达对身边事物的看法。另一方面，主题还应具有一定的学术深度和广度，涉及文化差异、社会热点、科技前沿等多个领域，拓宽学生的国际视野，提升其人文素养。例如，教师可以组织学生围绕“人工智能的利弊”“社交媒体对青少年的影响”等话题展开讨论，引导其用英语阐述自己的观点，倾听他人的看法，在交流碰撞中加深对问题的理解。

从教学活动组织的角度来看，教师应合理设计课堂讨论与辩论的流程和规则，为学生营造开放、互动的语言实践环境。在小组讨论环节，教师可以采用“思—辩—合”的基本模式，即首先引导学生独立思考问题，通过头脑风暴、记笔记等方式厘清自己的思路；随后让学生分组交流彼此观点，通过质疑、反驳等方式深化对问题的认识；最后组织全班汇报总结，梳理各小组的共识和分歧，提炼讨论的精髓。在辩论环节，教师应合理设置正反方，让学生通过资料搜集、逻辑论证等方式充实自己的论点，在交锋过程中学会倾听对方意见，用英语表达自己的观点。

（三）项目式学习

在项目式学习中，教师不再是知识的传授者，而是学习过程的组织者、引导者和合作者。学生则从被动的知识接受者转变为学习的主人，在完成项目任务的过程中主动构建知识，提升综合素质。

1. 项目的设计

一个好的项目应该具有明确的目标、合理的难度和鲜明的个性。它既要符合教学大纲的要求，又要贴近学生的生活实际，激发其学习兴趣和探究欲望。以“我的大学生活”为例，教师可以引导学生以英语形式记录和分享大学生活的点点滴滴，如专业学习、社团活动、志愿服务等，并围绕这些主题开展调查访问、小组讨论、成果展示等活动。在项目实施过程中，教师要注重为学生提供必要的语言输入和技能指导，如语法知识、写作技巧、演讲技能等，帮助其顺利完成项目任务。同时，教师还应鼓励学生自主探索、合作学习，引导其在实践中积累经验、提升能力。

2. 注重过程性评价

传统的英语教学往往以期末考试成绩为主要评价标准，忽视了学生在学习过程中的表现和进步。而项目式学习则强调对学生的全面评价，既关注其语言知识和技能的掌握情况，更重视其在项目实施过程中表现出的主动性、创造性和合作精神等。评价方式也更加多元化，如教师评价、学生自评、小组互评等，全方位、多角度地考查学生的综合表现。这种评价模式不仅能够激发学生的学习动机，增强其自信心和成就感，更能引导其树立正确的学习观和价值观。

3. 为未来的学习和发展奠定基础

通过参与各种项目活动，学生不仅掌握了扎实的语言知识和技能，更锻炼了批判性思维、创新意识和跨文化交际能力等现代社会所需的关键能力。这些能力不仅有助于学生在未来的学业和职业中游刃有余，更能使其成长为具有国际视野和家国情怀的时代新人。可以说，项目式学习是落实立德树人根本任务、培养德智体美劳全面发展的社会主义建设者和接班人的重要途径。

三、自主学习与合作学习的结合设计

（一）自主学习计划制订

1. 构建个性化学习路径是自主学习计划制订的核心

学生应根据自身的英语水平、学习风格和目标，在教师的引导下，合理规划线上线下的学习内容和分配时间。对于基础薄弱的学生，可以多安排一些语法、词汇等基础知识的学习任务；对于学有余力的学生，则可以提供更多拓展性的学习资源，如英美文学赏析、跨文化交际等。通过个性化的学习路径设计，学生能够找到最适合自己的学习节奏和方式，调动学习积极性，达到理想的学习效果。

2. 明确阶段性学习目标是自主学习计划制订的重要环节

学习目标应该具体、可测、有挑战性，既要符合课程总体要求，又要体现学生的个性化需求。教师可以引导学生采用 SMART 原则来设定目标，即目标应该是具体的（Specific）、可测量的（Measurable）、可实现的（Attainable）、相关的（Relevant）和有时限的（Time-based）。例如，某学生的阶段性目标可以设定为“通过两周每天半小时的单词记忆和语境练习，掌握 500 个雅思核心词汇，在期末考试写作部分提高 10 分”。清晰、恰当的目标设定能为学生的自主学习提供方向和动力，帮助其保持专注和坚持。

3. 精心选择学习资源和策略是提升自主学习效果的关键

在信息时代，海量的英语学习资源呈现在学生面前，如何甄别优质资源，选择合适的学习策略，对学生的自主学习至关重要。教师应向学生推荐优秀的英语学习网站、App 和纸质读物，如 BBC Learning English、VOA Special English 等，帮助学生获取丰富、多元的学习素材。同时，教师还要指导学生掌握科学的学习策略，如“预习—学习—复习”的循环记忆法、整体阅读与精读相结合的阅读策略等，提升学习效率。此外，鼓励学生运用思维导图、记忆卡片等学习工具，增强学习的趣味性和成就感。

4. 定期反思和调整是优化自主学习计划的有效途径

学生应养成定期总结和反思的习惯，客观评估自己的学习进步和不足，并及时调整学习计划和策略。例如，学生可以每周对照学习目标进行自我评估，并填写学习日志，记录学习心得和疑惑。对于学习进度落后或学习效果不佳的情况，学生应主动寻求教师的帮助和指导，分析原因，制定改进措施。对于学习成绩突出、进步显著的情况，学生可以与同学分享心得，总结可推广、借鉴的经验。定期反思和调整不仅能够帮助学生克服自主学习过程中的困难和挫折，更能培养其自我管理和自我完善的能力。

（二）小组合作任务设计

在混合式教学中，教师应精心设计小组合作任务，培养学生的团队协作意识和能力。小组合作任务的设计应紧密结合教学目标和学习内容。教师需要根据课程的知识框架和能力要求，提炼出适合小组协作完成的任务主题。这些任务应具有一定的挑战性和开放性，引导学生运用所学知识解决实际问题，激发其探究欲望和创新潜力。同时，任务难度应适中，既不能过于简单，也不能过于复杂，要让每名学生都有机会参与其中、贡献自己的力量。

小组合作任务的设计应突出语言运用和交际互动。作为高校英语课程，培养学生运用语言进行交流和表达的能力是教学的核心目标之一。因此，教师在设计小组合作任务时，应为学生创设真实的语境，鼓励其用英语开展讨论、辩论、演讲等互动活动。在这个过程中，学生不仅能够提高语言表达能力，还能学会聆听他人、尊重差异、达成共识，培养民主、平等、互助的合作意识。

小组合作任务的设计应兼顾过程性评价和总结性评价。评价不仅是教学的重要环节，也是引导学生反思和改进的有效途径。在小组合作过程中，教师应对学生的参与度、贡献度进行过程性评价，肯定每名学生的努力和进步。同时，教师还应设计总结性评价，引导小组成员对合作过程进行回顾和反思，梳理收获和不足，提出改进方案。多元化的评价方式能够全面考查学生的综合表现，激励其在合作中不断进步、追求卓越。

（三）学习成果展示与反馈

从知识内化的角度来看，学习成果展示是学生将所学知识转化为语言输出的重要途径。通过对学习内容的梳理、总结和表达，学生能够加深对知识点的理解，构建起系统完整的认知结构。同时，在展示的过程中，学生需要运用英语听、说、读、写、译等各项技能，综合运用语言知识，这对其语言综合运用能力的提升具有重要意义。学习成果展示的形式可以多种多样，如口头报告、书面作业、小组讨论、情景对话等，教师应根据教学内容和学生特点灵活选择，激发学生的参与热情。

从学习动机的角度来看，及时、有效的反馈是维持学生学习兴趣的关键。在混合式教学中，教师不仅要关注学生线下课堂表现，更要重视其线上自主学习情况。通过学习平台的数据分析，教师能够全面了解学生的学习进度、知识掌握情况，从而有针对性地进行个性化指导。同时，教师还应该积极营造良好的课堂氛围，鼓励学生大胆表达、勇于展示，并给予其肯定和鼓励。只有在宽松、自由的环境中，学生才能充分释放天性，调动起学习的主动性和创造性。

第三节　高校英语混合式教学资源与平台的整合与利用

一、教学资源的数字化与共享化整合

（一）数字化资源的创建

在信息技术迅猛发展的时代背景下，高校英语教学已经从传统的以教师为中心、以课堂为主阵地的模式，逐步转向以学生为中心、线上线下相结合的混合式教学模式。这一转变对教学资源的数字化提出了更高要求。只有充分利用现代信息技术手段，不断丰富和优化数字化教学资源，才能为混合式教学的顺利开展提供有力支撑。

数字化资源的内涵是丰富的，它不仅包括电子教材、微课视频、在线测试题库等结构化资源，还包括网络文章、音频、图片等非结构化资源。从资源的呈现形式来看，它可以是文本、图像、音频、视频等多种媒体类型。从资源的交互方式来看，它可以是单向呈现的，也可以是支持师生互动的。无论是何种类型和形式，优质的数字化资源都应该具备科学性、先进性和实用性的特点，能够满足不同教学环节和学习需求。

创建优质数字化资源需要遵循一定的原则和流程。教师要根据课程目标和教学内容，确定资源的总体规划和设计思路。教师要广泛收集和整理与教学内容相关的各类素材，吸收优秀的教学案例和经验做法，在此基础上进行资源的初步加工和创设。教师要采用恰当的技术手段对资源进行数字化处理，提高资源的可访问性和互动性。教师还应该通过实践应用对资源进行检验和优化，并根据学生反馈和教学效果及时更新和完善资源。

比如，在进行英语听力教学时，教师可以充分利用网络上的音频和视频素材，设计制作形式多样、内容丰富的微课视频。这些微课视频不仅能够为学生提供真实的语言情境和输入，还能通过设置互动练习和测试，帮助学生及时巩固和检验学习效果。又如，在开展英语写作教学时，教师可以创建在线写作平

台和自动批改系统，为学生提供及时的写作指导和反馈，减轻教师批改作业的负担。

（二）资源共享平台的建设

在数字化时代，英语教学资源日益丰富，涵盖了文本、音频、视频、动画等多种类型。然而，这些资源往往分散在不同的网站、数据库和个人电脑中，难以实现系统化管理和便捷获取。因此，构建一个集中、统一、开放的资源共享平台，已经成为提升英语教学效率和质量的迫切需求。

一个理想的资源共享平台应该具备以下特点：平台应该拥有完善的分类检索功能，教师和学生可以根据教学主题、资源类型、难易程度等维度快速找到所需的学习材料。这就要求在平台建设之初，就对现有资源进行系统梳理和科学分类，建立起逻辑清晰、覆盖全面的资源目录体系。平台应支持多人协作，鼓励教师根据教学需要共同开发、充实和更新资源。一方面，教师可以将自己优秀的教学设计、练习题库、案例分析等上传至平台，与同行分享交流；另一方面，教师也可以根据学生的学习反馈，定期优化和迭代已有资源，动态提升资源质量。平台应该具有开放性，允许学生自主选择和使用资源。在学生自主学习的环节，资源不应再被视为“垄断品”，而应成为满足学生个性化学习需求的“公共产品”。平台可以根据学生英语水平、学习风格的差异，智能推送契合其需求的个性化资源，为其量身定制混合式学习路径。平台还应该整合在线学习平台和移动学习 App 等新兴教学工具。数字化手段不仅能为资源的呈现提供更加生动、立体的形式，还能实时记录学生的学习行为数据，洞察学习规律，优化教学策略。资源共享平台与新技术的深度融合，能够极大提升资源的利用率和教学实效性。

构建高质量的资源共享平台是一个系统工程，需要学校、教师、技术人员通力合作。学校应该在政策、经费、人力等方面给予资源共享平台建设以有力支持，将其作为教育信息化的重点项目来推进。教师要树立资源共享意识，积极参与平台资源的共建共享，在使用资源指导教学实践的同时不断反思完善。技术人员要发挥专业优势，在需求调研的基础上进行平台的总体设计，并加强后续的技术更新和日常维护，为教师和学生营造稳定、流畅的使用体验。只有多方协同发力，形成工作合力，才能真正建成集聚优质资源、迸发创新活力的共享平台，为混合式教学范式变革提供坚实支撑。

资源共享平台的构建是高校英语教学变革的基础工程，对于推动教学模式创新、提升人才培养质量具有重要意义。随着教育信息化的纵深发展，资源建设与共享已经成为各高校的共识与行动。在这一背景下，英语教师更应该审时度势，主动作为，积极融入资源共建共享的浪潮。通过参与资源的开发、整合、应用和优化，教师能够不断拓宽专业视野，提升信息技术素养，加强同行交流合作，推动自身的专业成长。与此同时，在共建共享资源的过程中，教师也能更加全面地认识学生的学情特点，洞悉技术变革下学习方式的新变化，从而因材施教，不断改进教学行为，为学生营造个性化、高效化的混合式学习生态，引领其在英语学习的道路上阔步前行。

（三）资源整合的策略

1. 资源整合要突出应用导向，紧密结合教学实际需求

教师应深入分析课程特点和教学目标，有针对性地筛选、开发数字化资源。对于通识课程，可以重点整合具有普适性、启发性的资源；对于专业课程，则要注重资源的专业性、前沿性和实践性。同时，还要关注学生的认知特点和学习需求，提供个性化、多样化的资源，满足不同学习风格和学习能力学生的需要。

2. 资源整合要坚持动态更新，实现资源的可持续发展

高校英语教学内容和方法不断更新，相关资源也应与时俱进。一方面，要定期评估现有资源的实际应用效果，淘汰过时、低质量的资源；另一方面，要密切关注学科前沿动态，及时补充、更新高质量的资源。此外，还要充分利用大数据技术，通过对教师使用、学生访问等数据的分析，智能推荐个性化资源，不断优化资源结构和布局。

3. 资源整合要注重学科交叉融合，促进创新型资源的生成

语言学习本身就是一个涉及语言学、教育学、心理学、文化学等多学科的综合过程。跨学科资源的整合，能够拓宽语言学习的视野和维度，激发学生多元思维。例如，将英语教学与文学、历史、哲学等人文学科相结合，引导学生从多角度、全方位理解语言和文化；将英语教学与信息技术、人工智能等理工学科相结合，探索技术赋能语言学习的新模式、新路径。

二、在线学习平台的选型与功能利用

（一）平台选型标准

1. 功能的全面性是选择在线学习平台的首要标准

一个优秀的在线学习平台应该提供丰富多样的教学功能，涵盖课程管理、资源上传、作业布置、在线测试、互动交流等各个环节。这些功能能够满足教师组织教学活动的各种需求，使教学过程更加系统化、规范化。例如，教师可以利用平台的课程管理功能建立课程主页，发布教学大纲、课程安排等重要信息；利用资源上传功能随时分享教学资料，丰富学生的学习资源；利用作业布置功能灵活安排课后作业，并对学生的完成情况进行跟踪评价；利用在线测试功能及时检测学生的学习效果，调整教学策略；利用互动交流功能与学生进行实时沟通，解答疑难问题。功能的全面性使得教师能够在一个平台上完成混合式教学的各项任务，大大提高了教学效率。

2. 界面的友好性是提升师生使用体验的关键因素

设计精良、操作便捷的用户界面能够降低师生的学习成本，激发其使用在线学习平台的积极性。相反，如果平台界面杂乱无章、功能隐藏较深，师生很容易产生抵触情绪，影响教学效果。因此，在选择在线学习平台时，要特别注重其界面设计是否符合人机交互原则，是否能够为师生提供清晰明了的功能入口和流畅自然的操作逻辑。比如，平台可以采用扁平化设计风格，减少不必要的装饰元素，突出核心功能；合理运用色彩、图标等视觉元素，增强界面的识别性和美观性；优化导航栏、搜索框等关键组件的布局，方便用户快速定位所需功能。一个友好的界面设计不仅能够提升师生的使用体验，更能营造积极愉悦的教学氛围。

3. 技术的先进性决定了在线学习平台的运行质量和扩展潜力

伴随着信息技术的飞速发展，在线学习平台所依托的技术架构、功能模块也在不断更新迭代。一个技术先进的在线学习平台应该具备强大的服务器性能、稳定的系统架构、灵活的功能扩展机制，以满足大规模用户并发访问、海量数据存储处理、个性化功能定制等方面的需求。同时，平台还应积极引入人工智能、大数据分析、虚拟现实等前沿技术，为智能化教学、精准化学习提供有力支撑。例如，借助人工智能技术实现智能作业批改、智能学情诊断、智能学习引导等功能，为师生提供个性化的教学服务；运用大数据分析技术对教学行为数据进行挖掘，洞察学生学习特点，优化教学决策；利用虚拟现实技术开发沉浸式学习场景，提供身临其境的学习体验。技术的先进性使得在线学习平台能够紧跟时代步伐，不断创新教学模式，充分释放混合式教学的潜力。

（二）核心功能分析

在线学习平台应提供强大的课程管理功能。教师可以通过平台方便地创建和发布课程，上传教学资料，布置作业任务。平台还应支持课程的分类、检索和推荐，方便学生快速找到所需的学习内容。此外，灵活的课程权限管理可以实现教学资源的精准投放，满足不同教学对象的需求。

在线学习平台需要具备多样化的学习工具和资源。除了常见的视频、音频、文档等基础资源外，平台还应提供在线测试、互动练习、虚拟实验等丰富的学习形式。学生可以通过平台进行自主学习、合作探究和个性化训练，从而提高学习效率和效果。同时，平台应支持学习资源的个性化推荐和智能适配，根据学生的学习行为和偏好提供针对性的学习内容。

在线学习平台应该支持多种形式的师生互动和交流。实时的在线讨论、答疑和辅导可以帮助学生及时解决学习困惑，获得个性化的指导。平台还应提供丰富的协作学习工具，如在线文档协作、思维导图、项目管理等，以支持小组合作学习和项目式学习。此外，师生的非实时交流，如留言板、私信等，也是不可或缺的功能，它们可以实现跨时空的教学互动。

此外，在线学习平台还应具备完善的学习分析和评估功能。通过对学生学习行为数据的采集和分析，平台可以为教师提供学情诊断和教学决策支持，帮助教师优化教学设计和策略。对于学生而言，学习分析可以帮助其及时了解自己的学习进度和薄弱环节，调整学习策略，提高学习效率。平台还应支持多元化的学习评估方式，如在线测验、互评、过程性评价等，以全面评估学生的学习效果。

（三）平台使用培训

平台使用培训的首要任务是帮助教师和学生全面了解平台的功能设置和使

用方法。一个成熟完善的在线学习平台通常包括课程管理、资源库、互动交流、作业测验、数据统计等多个模块，各模块又包含诸多子功能。如果教师和学生不能准确把握这些功能的用途和操作流程，就难以在教学实践中灵活运用，更谈不上优化教学设计和创新教学方法。因此，平台使用培训要以功能模块为导向，采取操作演示、案例分析、实际练习等方式，引导教师和学生全面认识和掌握平台的使用方法，为后续的教学应用奠定基础。

平台使用培训要注重教学应用能力的提升。单纯掌握平台的操作方法还不够，关键是要学会将平台功能与教学实践深度融合，用好平台来优化教学。这就要求平台使用培训要从教学需求出发，深入分析平台功能在课前、课中、课后各教学环节中的应用场景和实施路径，引导教师和学生将平台作为教学的有机组成部分，提升教学的针对性和实效性。例如，在课前阶段，教师可以利用平台的资源管理功能，上传微课、导学案等学习资源，供学生自主学习；在课中阶段，教师可以运用平台的实时互动功能，开展头脑风暴、小组讨论等教学活动，增强师生互动；在课后阶段，教师还可以借助平台的作业管理功能布置延伸练习，并利用数据分析功能精准把握学情，为后续教学提供针对性指导。平台使用培训要聚焦这些关键应用环节，通过项目化学习、翻转课堂、问题探究等实践活动，提升教师和学生运用平台优化教学的意识和能力。

平台使用培训还要重视过程管理和持续优化。大规模开展平台使用培训，对培训组织和管理提出了更高要求。培训工作要制订科学完善的实施方案，明确培训目标、内容、方式、考核等关键要素，强化全过程管理，确保培训工作有序开展。同时，要建立完善的培训质量评估机制，通过问卷调查、数据分析等方式，多维度评估培训效果，找出存在的问题和不足，并据此持续改进培训内容和方法，提升培训的针对性和实效性。此外，平台本身也在不断迭代更新，新的功能、新的应用不断涌现。平台使用培训要与时俱进，紧跟平台升级的步伐，适时开展新功能的培训，引导教师和学生持续更新知识技能，提升信息化教学能力。

三、多媒体教学资源的应用与整合

（一）多媒体资源的分类

信息呈现类资源是最基本也是最常见的一类多媒体教学资源。它主要包括

PPT 课件、电子教材、微课视频等，旨在以生动直观的形式向学生传递知识点和核心概念。这类资源通常采用图文并茂、声像结合的设计，既吸引学生的注意力，又便于学生理解和记忆。比如，在讲授英语语法时，教师可以使用动画演示句子成分和语序，帮助学生直观地理解语法结构。又如，在介绍英美文学作品时，教师可以播放电影片段或朗读音频，让学生身临其境地感受原著魅力。信息呈现类资源虽然以单向传播为主，但其多样化的媒体形式和精心设计的内容，已经初步体现了多媒体教学的优势。

互动练习类资源则更进一步，它通过人机互动、实时反馈等技术手段，为学生提供了主动参与、动手实践的机会。常见的互动练习资源包括在线测试题、语言学习 App、虚拟实验平台等。这类资源巧妙地利用多媒体的交互性，将枯燥的练习转化为生动有趣的探索，既巩固了学生的知识掌握，又锻炼了学生的实际应用能力。以在线英语写作训练系统为例，它通过海量真题库和智能批改引擎，模拟真实的写作场景和严谨的评分标准，让学生在反复实践中提高语言表达水平。又如化学虚拟实验室，学生可以在虚拟环境中自主设计实验方案、调配药品、操作仪器，在亲身体验过程中掌握实验原理和操作技能。互动练习类资源充分发挥了多媒体的可操作性，使学生成为学习的主人，极大地调动了学生学习的主动性和积极性。

拓展延伸类资源则着眼于开阔学生视野、引导学生深入思考。这类资源通常以案例分析、专题讨论、课外阅读等形式呈现，为学生提供了探索知识背后的方法论和价值观的平台。例如，在学习跨文化交际时，教师可以甄选一些典型的文化冲突案例，引导学生从多元文化视角分析问题根源，思考化解矛盾的策略。在讨论科技伦理问题时，教师又可以提供一系列观点截然不同的文献资料，鼓励学生通过论证和辩驳来形成自己的价值判断。拓展延伸类资源突破了课堂和教材的局限，以开放性的内容设计激发学生的好奇心和探究欲，引导他们主动去观察生活、分析问题、构建知识体系，最终实现能力的迁移和素养的提升。

（二）多媒体资源的制作

具体而言，在内容选择上，教师应紧紧围绕教学目标，精选课程重点、难点内容进行呈现。既要体现教材的核心知识，又要适度拓展与课程相关的背景知识和前沿动态，激发学生的学习兴趣。同时，资源内容应具有思想性和时代性，引导学生树立正确的价值观念。

在呈现方式上，教师应充分利用多媒体技术的优势，综合运用文字、图像、音频、视频、动画等多种表现手段，使资源内容形象生动，易于理解和记忆。例如，可以使用思维导图等形式直观展示语法结构和词汇关系；利用动画模拟语言交际场景，提供身临其境的学习体验；通过视频展示地道的语言表达，让学生掌握自然的语音语调。

此外，多媒体资源的制作还应遵循认知规律，循序渐进地引导学生建构知识体系。教师可以将教学内容划分为若干知识单元，每个单元设置明确的学习目标，并配以相应的教学活动和练习任务，引导学生在实践中加深理解和运用。资源呈现应采取由浅入深、由易到难的顺序，避免认知负荷过重。

在版式设计和视觉风格上，教师应遵循简洁明了的原则，合理运用色彩、字体等视觉元素，突出重点信息，避免过于花哨和眼花缭乱。色彩搭配应与教学内容相得益彰，符合学生的审美喜好。界面布局应便于学生浏览和操作，提供清晰的导航和提示信息。

（三）多媒体资源的整合方法

在英语教学中，多媒体资源种类繁多，包括文本、图片、音频、视频、动画等不同形式。如何将这些资源有机融合，形成系统、完整的教学内容，是教师面临的重要挑战。

教师应该围绕教学目标，对多媒体资源进行精心筛选。资源的选择要考虑其与教学内容的契合度、与学生认知水平的匹配度，以及对学习兴趣的激发程度。优质的多媒体资源不仅能够直观地呈现教学内容，加深学生理解，还能调动学生多种感官，提高学习参与度。例如，在讲授英语国家的文化习俗时，教师可以选取反映当地风土人情的图片、视频等资源，让学生身临其境地感受异国文化，激发其学习热情。

多媒体资源的整合要遵循科学的认知规律。教师要根据教学内容的逻辑结构，合理安排各种媒体资源的呈现顺序和时长，避免认知过载或断层。同时，还要注重不同媒体形式之间的转换和衔接，形成连贯、流畅的学习体验。比如，在讲授英语语法时，教师可以先用文本解释语法规则，然后用示意图直观呈现句子结构，再用动画演示语法的运用场景，最后通过练习巩固所学知识。这种递进式、多维度的呈现方式，有助于学生全面理解和掌握语法知识。

多媒体资源的整合要体现交互性和个性化。单向度的信息传递容易使学生产生倦怠感，降低学习动机。因此，教师要充分利用多媒体技术的交互功能，创设生动、活泼的教学情境，鼓励学生参与互动，表达看法。同时，还要关注学生的个体差异，提供不同难度、不同风格的学习资源，满足学生个性化的学习需求。例如，教师可以开发交互式的英语学习游戏或任务，让学生在完成挑战的过程中巩固语言知识；也可以提供不同题材、不同体裁的阅读材料，让学生根据自己的兴趣爱好进行选择和拓展学习。

四、交互式工具在教学中的有效利用

（一）交互式工具的种类

交互式工具的种类繁多，各有独特的功能和优势，但从总体上看，可以分为以下四大类。

1. 在线课堂互动工具

这类工具旨在打破传统课堂教学的时空限制，让师生能够随时随地进行交流和互动。典型代表有雨课堂、腾讯课堂等。教师可以利用这些平台发布课程资料、布置作业，组织在线讨论和测试；学生则可以观看教学视频、参与互动问答、完成在线作业等。这些工具极大地提高了教学的灵活性和便捷性，有利于实现个性化、自主化学习。

2. 互动式电子白板

电子白板集书写、绘画、演示于一体，能够实现图文并茂的多媒体呈现效果。常见的电子白板有希沃白板、SmartBoard 等。借助电子白板，教师可以通过手写、触控等方式进行板书，呈现教学内容；学生也可以参与到互动环节中来，在白板上书写、绘制、标注。这种沉浸式的互动体验，能够调动学生多种感官，激发其学习兴趣，加深对知识的理解和记忆。

3. 虚拟仿真实验系统

这类系统利用虚拟现实、增强现实等技术，构建逼真的虚拟实验环境，让学生身临其境地开展实验探究活动。例如，在化学实验教学中，学生可以通过虚拟仿真系统模拟各种化学反应过程，观察反应现象，调节实验参数，从而加深对反应机制、实验原理的理解。与传统实验教学相比，虚拟仿真实验克服了场地、设备、安全等方面的限制，让学生能够反复演练，提高实验技能。

4．人工智能技术的发展

这些助手能够利用自然语言处理、知识图谱等技术，为师生提供个性化的教学服务。例如，智能答疑系统可以根据学生提出的问题，精准匹配相关知识点，给出详尽的解答；智能批改系统则可以自动判别学生作业，给出评分和反馈意见。这些智能工具在减轻教师工作负担的同时，也为学生提供了更加及时、精准的学习支持。

（二）交互式工具的使用方法

交互式工具在教学中的使用需要遵循一定的方法和步骤，以充分发挥其优势，提高教学效果。教师应根据教学内容和目标，选择合适的交互式工具。不同类型的交互式工具各有其特点和适用范围，如在线测试系统适用于知识点巩固和学习效果评估，而虚拟实验室则适用于实践操作能力的培养。教师需要全面了解各种工具的功能和特点，根据课程需求作出恰当选择。

1．教师应精心设计交互式教学活动

交互式工具虽然提供了丰富的功能，但如果缺乏合理的教学设计，其作用将大打折扣。教师应根据教学内容，设计富有针对性、挑战性的交互式任务，引导学生主动思考、动手探究。例如，在使用在线协作平台进行小组讨论时，教师可以预设一些开放性问题，鼓励学生充分表达自己的观点，展开深入的思维碰撞。再如，在使用虚拟实验室进行实验教学时，教师可以设计渐进式的实验任务，引导学生循序渐进地掌握实验原理和操作技能。

2．教师应加强对学生使用交互式工具的引导和监督

交互式工具为学生提供了自主学习、协作探究的平台，但如果缺乏必要的引导和监督，学生可能难以有效利用这些资源。教师应在使用前对学生进行必要的培训，介绍工具的使用方法和注意事项。在使用过程中，教师应适时给予指导和反馈，帮助学生解决遇到的问题，引导其深化学习。同时，教师还应加强过程监管，及时纠正学生的不当行为，维护良好的学习秩序。

3．教师应注重交互式教学与传统教学的有机结合

交互式工具虽然有诸多优势，但并不能完全取代传统教学方式。教师应根

据教学内容和学生特点，灵活采用不同的教学方法，实现线上线下、课内课外的有效衔接。例如，教师可以利用交互式工具进行翻转课堂教学，让学生在课前通过在线学习平台自主学习知识，而将课堂时间用于讨论、答疑和实践训练。又如，教师可以将交互式测试与传统笔试相结合，全面评估学生的学习效果。

（三）交互式工具的教学效果

在教学过程中，教师可以利用多样化的交互式工具，如在线讨论区、协作平台等，创设生动、逼真的语言情境，激发学生的学习兴趣和参与热情。通过这些工具，学生能够摆脱传统课堂的时空限制，随时随地进行语言练习和交流，在实践中提高英语应用能力。

从认知层面来看，交互式工具有助于加深学生对语言知识的理解和内化。例如，教师可以利用在线测试系统，有针对性地设计练习题，实时检测学生的学习效果，并根据反馈及时调整教学策略。这种即时的互动反馈能够帮助学生及时发现并纠正错误，巩固所学知识，构建起系统完整的语言知识体系。同时，交互式工具还能为学生提供个性化的学习支持，根据其学习特点和需求推送适合的学习资源，实现因材施教。

从情感态度层面来看，交互式工具有利于营造轻松愉悦的学习氛围，缓解学生的学习压力和焦虑。在传统课堂中，许多学生因为害怕出错或受到批评而不敢开口表达，这种消极情绪严重影响了学习效果。而在交互式工具支持下，学生可以在虚拟环境中放松地进行语言实践，无须担心面子问题。教师也可以利用这些工具设计有趣的游戏活动，调动学生的积极性，让其在轻松愉悦中学习英语知识，感受英语学习的乐趣。

从能力培养层面来看，交互式工具是锻炼学生语言运用能力和综合素质的重要途径。在使用这些工具进行协作学习时，学生不仅能够提高英语听、说、读、写、译能力，还能培养团队意识、沟通协调能力、批判性思维等关键能力。例如，教师可以组织学生在线开展小组讨论或项目合作，引导其用英语交流探讨、解决问题，在合作中相互启发、共同提高。这些宝贵的学习经历不仅有利于学生语言能力的提升，更是其未来学习、工作和生活的重要财富。

第三章　高校英语混合式教学中的学生自主学习能力培养

第一节　自主学习能力的概念与重要性

一、自主学习能力的概念

（一）自主学习的基本定义

自主学习是指个体根据自身需要，自觉地设定学习目标，自主选择学习内容和方法，自我探究和构建知识，自我监控和评价学习过程的一种学习方式。它强调学生在教师指导下，以自我意识为核心，主动地获取知识、形成能力的过程。这一定义的提出，反映了当今教育从以教为中心向以学为中心的转变，体现了现代教育以人为本、全面发展的理念。

（二）自主学习的核心要素

1. 学习动机是自主学习的原动力

自主学习者往往具有强烈的内在学习动机，他们对学习抱有浓厚的兴趣，将学习视为一种乐趣和追求。这种发自内心的学习渴望使他们能够主动探索未知领域，持之以恒地投入学习。相比之下，缺乏内在学习动机的学习者则容易受到外部因素的影响，难以长期保持学习的热情和动力。因此，教师应注重激发学生的学习兴趣，帮助其树立明确的学习目标，体验学习的意义和价值，从而形成稳定的内在学习动机。

2. 学习策略是自主学习的重要工具

高效的自主学习者能够根据学习任务和个人特点，灵活运用多种学习策略，如精细化阅读、主动质疑、归纳总结等。他们善于提取关键信息，建立知识之间的联系，对学习材料进行深层次加工。同时，他们还能够根据反馈及时调整学习策略，不断优化学习过程。相比之下，缺乏学习策略的学生往往难以有效地组织和管理学习，学习效率低下。因此，教师应引导学生掌握科学的学习方法，提高学习策略的多样性和适切性，为自主学习提供必要的操作工具。

3. 元认知是自主学习的重要保障

元认知能力强的学习者能够客观地认识自己的学习状况，准确评估学习效果。他们善于管控和反思学习过程，及时发现和纠正学习中的问题。这种自我觉察使他们能够针对性地改进学习，提高学习的针对性和有效性。相比之下，缺乏元认知的学生往往对自己的学习状况缺乏清晰的认识，难以客观评价学习效果，也无法自我调节学习过程。因此，教师应注重培养学生的元认知意识，引导其主动监控学习过程，反思学习得失，形成正确的自我认知和自我评价。

二、自主学习能力在终身学习中的作用

（一）终身学习的必要性

1. 终身学习是个人可持续发展的核心驱动力

知识更新周期不断缩短，曾经学到的知识和掌握的技能可能很快就会过时。如果不能与时俱进、跟上时代发展的节奏，个人就有可能在社会竞争中落伍和边缘化。相反，养成终身学习的习惯，主动学习新知识、新技术，就能不断优化自身的知识结构，增强适应环境变化的能力。

2. 终身学习是个人全面发展的必然要求

随着社会分工的细化和职业变迁的加剧，单一的知识和技能已难以满足岗位需求。越来越多的工作要求员工具备跨学科、跨领域的综合素质和创新能力。这就需要个人打破学科壁垒，广泛涉猎不同领域的知识，形成多元化、立体化的能力结构。通过终身学习，个人可以尽可能地补齐知识短板，拓宽认知视野，实现从单一型人才向复合型人才的升级。同时，学习不同领域的知识，有助于促进思维的碰撞和交融，激发创新的火花，使个人的发展更加全面和均衡。

3. 终身学习是个人实现自我价值的重要途径

马斯洛需求层次理论指出，个人需求从生理需求到自我实现需求层层递进，

自我实现是人生发展的最高目标。而要实现这一目标，离不开持续不断地学习和进取。通过学习，个人能够不断挖掘自身的潜力，突破能力的局限，最大限度地发挥才智，在自己擅长的领域达到卓越。同时，学习也能带来精神层面的满足和愉悦。每当掌握一项新技能、攻克一个难题，个人都会收获成就感和自信心，由此找到人生的意义和价值所在。

（二）自主学习对职业发展的作用

从知识层面来看，自主学习能力有助于学生建构起完整、系统的专业知识体系。通过主动搜集资料、分析问题、解决难题，学生能够加深对所学知识的理解，融会贯通地掌握专业理论。同时，职场环境瞬息万变，很多新知识、新技术需要学生在工作中不断学习和掌握。具备自主学习能力的学生能够根据工作需要，迅速找到学习资源，高效地掌握新知识，从容应对工作挑战。

从能力层面来看，自主学习能力是学生职业核心竞争力的关键组成。在自主学习过程中，学生需要制订学习计划，选择学习策略，监控学习过程，评估学习效果。这一系列环节对学生自我管理、信息检索、逻辑思辨等多项能力的提升都大有裨益。而这些能力恰恰是职场成功所必需的。无论是项目策划、团队管理，还是创新研发、问题解决，无不需要运用在自主学习中锻炼出的思维方式和行动策略。可以说，自主学习能力已经成为现代职场人才的核心素养。

从情感态度层面来看，自主学习能力对于塑造积极的职业价值观和提升职业幸福感至关重要。在自主学习中，学生逐渐养成主动探索、勇于尝试的学习态度，这种态度应用到工作中就是创新精神和进取意识。同时，学会自主学习的学生往往更加喜爱学习，乐于终身学习。他们将学习视为生命的一部分，在不断学习和进步中获得职业的成就感和幸福感。这种积极向上的情感体验，是学生职场适应力和可持续发展的重要保障。

三、自主学习能力对高校学生发展的意义

（一）学术能力提升

从认知层面来看，自主学习能力的培养有助于加深学生对英语语言知识的理解和掌握。在自主学习过程中，学生需要主动探索语法结构、词汇用法、语篇特征等语言要素，通过归纳、比较、类比等方式建构起系统完整的语言知识

体系。这种自主建构的过程不仅能够促进知识的内化，更能激发学生的学习兴趣和动机，使其形成主动学习、深度学习的习惯。此外，自主学习还能引导学生关注语言学习策略，掌握听、说、读、写、译等技能的有效方法，为语言运用能力的提升奠定基础。

从情感态度层面来看，自主学习能力的培养有利于塑造学生积极向上的学习情感和价值观念。在自主学习中，学生需要制定切实可行的学习目标，合理规划学习进程，客观评估学习效果。这一系列环节不仅锻炼了学生的自我管理能力，更能帮助其树立远大的理想信念、端正的学习态度。同时，在与他人合作完成学习任务、分享学习心得的过程中，学生的责任意识、团队意识也能得到培养。这些宝贵的情感体验将转化为学生持续学习、终身学习的内在动力。

从发展层面来看，自主学习能力的培养是适应时代要求、提升就业竞争力的必由之路。在知识经济时代，英语作为全球通用语言之一，已经成为国际交流合作不可或缺的工具。无论是出国留学、跨国就业，还是学术研究、商务往来，扎实的英语基础和灵活的运用能力都是不可或缺的素质要求。而这些素质的形成，都离不开大学阶段自主学习能力的培养。通过自主学习，学生不仅能掌握英语听、说、读、写、译等基本技能，更能提升分析问题、解决问题的能力，积累必备的文化知识，形成开放包容的全球视野。这无疑能为学生未来的发展插上腾飞的翅膀。

（二）职业素养培养

在当前社会背景下，单纯掌握专业知识和技能已经无法满足职场对人才的要求。企业越来越看重员工的自我管理能力、团队协作意识、创新思维及终身学习的态度。这些关键素质的形成都离不开自主学习能力的支撑。学生只有具备了主动探索知识、自我监控学习过程、灵活运用策略的能力，才能更好地适应职业生涯的挑战，实现可持续发展。

从专业能力的角度来看，自主学习能力是高校学生夯实理论基础、拓展实践技能的重要保障。通过自主学习，学生能够根据自身的学习特点和职业规划，有针对性地选择学习内容，制订学习计划。在这一过程中，学生不仅能够巩固课堂所学知识，还能主动拓宽专业视野，了解本领域的前沿动态和发展趋势。同时，自主学习也为学生提供了将理论知识转化为实践技能的机会。学生可以通过实验、项目、实习等方式，将所学知识运用到真实情境中，提升动手操作能力和问题解决能力。这种理论与实践的紧密结合，有助于学生形成扎实的专业素养，为未来职业发展奠定坚实基础。

从综合素质的角度来看，自主学习能力对于学生的批判性思维、创新意识、沟通协作等关键能力的培养至关重要。在自主学习过程中，学生需要主动甄别信息的真伪，分析问题的多面性，提出自己的见解和看法。这一过程不仅能够锻炼学生的逻辑思辨能力，还能激发其质疑精神和创新意识。与此同时，自主学习也为学生提供了与他人交流、合作的平台。学生可以通过小组讨论、项目协作等方式，与同伴分享学习心得，碰撞出思想火花。在这种互动交流中，学生的表达能力、团队意识、领导力等综合素质都能得到有效提升。这些宝贵的能力对于学生未来的职业适应和发展具有重要意义。

四、自主学习能力在高校英语教学中的价值

（一）提高语言应用能力

传统的英语教学模式往往以教师为中心，注重语法知识的灌输和机械训练，忽视了学生语言运用能力的培养。这种模式下，学生被动地接受知识，缺乏主动探索和实践的机会，难以真正掌握英语这一交际工具。而自主学习能力的培养，则能够打破这一局限，激发学生学习英语的内在动力，提高其语言应用能力。

1. 自主学习能力的培养有助于学生建构完整的英语知识体系

语言学习绝非简单的词汇堆砌和语法规则套用，而是一个系统化的认知过程。学生只有通过主动思考、归纳总结，才能厘清语言知识之间的内在联系，形成科学、系统的英语学科思维方式。在自主学习过程中，学生需要根据学习目标制定计划、选择资源、监控进度、评估效果，这一系列元认知活动都有利于其英语知识架构的完善和巩固。同时，自主学习还能培养学生独立思考、勇于质疑的精神，使其摆脱对教师和教材的过度依赖，敢于挑战权威、突破思维定式，这对于语言能力的提升至关重要。

2. 自主学习能力的培养能够拓展学生接触和运用英语的空间

课堂教学时间有限，教师无法面面俱到，更难以兼顾学生的个性化需求。而在自主学习中，学生可以根据自身特点和学习需要，灵活选择学习内容、方

式和节奏。他们可以利用网络资源开展广泛的语言输入，如阅读英文原著、欣赏英文影视作品、听英文演讲等；也可以通过英语角、主题讨论、辩论赛等形式，积极进行语言输出练习。这种学习内容的多样化、学习方式的灵活性，大大拓宽了学生接触和运用英语的渠道，为其语言能力的发展提供了广阔空间。

3. 自主学习能力的培养有利于增强学生运用英语解决实际问题的能力

语言的价值在于运用，脱离具体语境的语言知识是苍白无力的。在自主学习过程中，教师可以为学生创设各种仿真或真实的语言运用情境，如情景对话、角色扮演、项目任务等，引导学生将所学语言知识运用到实践中。学生在解决现实问题的过程中，不仅能够深化对语言知识的理解，更能提升语言运用能力、跨文化交际能力、思辨能力等多元语言技能。这种学以致用的学习方式，让学生能够切身体会英语学习的实用性和重要性，从而更加主动地投入到后续学习中。

（二）促进跨文化交际

1. 自主学习能力有助于学生主动探索异国文化

跨文化交际不仅需要掌握语言知识，更需要了解不同国家的历史、地理、政治、经济、宗教等文化背景。课堂教学时间有限，教师难以面面俱到。学生必须通过自主学习，利用图书馆、网络等资源，广泛涉猎与英语国家相关的文化知识。只有建立起完整的文化背景体系，学生才能在跨文化交际中游刃有余。

2. 自主学习能力有利于学生提高文化敏感性

跨文化交际往往隐含着文化差异和文化冲突。学生需要通过自主学习，加深对母语文化和目的语文化的认识，提高对文化差异的敏感性和包容性。例如，学生可以通过观看英文电影、阅读英文原版书等方式，感知英美文化中的价值观念、思维方式、行为规范等，进而反思母语文化，形成文化自觉。唯有如此，学生才能在跨文化交际中避免误解和冒犯，达到文化互鉴。

3. 自主学习能力有助于学生形成国际视野

当今世界，国家间的交流与合作日益频繁，国际视野已成为现代人必备的素养。培养学生的自主学习能力，鼓励其关注国际时事，思考全球性问题，能够帮助学生树立世界眼光，提升全球公民意识。学生还可以利用网络平台，与来自不同国家和文化背景的人交流切磋，在交流中碰撞思想火花，开阔全球视野。唯其如此，学生方能立足本国，放眼世界，成为具有国际竞争力的高素质人才。

第二节　高校英语混合式教学对学生自主学习能力的促进作用

一、混合式教学提供多样化的学习资源

（一）数字化学习资源

从资源类型来看，数字化学习资源主要包括在线课程、电子教材、学习App、虚拟学习社区等多种形式。这些资源利用现代信息技术手段，将文本、图像、音频、视频等多媒体元素有机整合，生动形象地呈现教学内容，激发学生的学习兴趣。以在线课程为例，教师可以根据教学目标和学情特点，精心设计课程内容，录制微课视频，并嵌入互动练习和在线测试等环节，实现教与学的无缝对接。学生可以根据自己的学习进度和理解程度，自主安排学习时间和地点，反复观看视频，完成练习和测试，及时巩固和检验学习效果。这种自主灵活的学习方式，不仅能够提高学习效率，还能够培养学生自我管理、自我监控的能力。

从资源功能来看，数字化学习资源不仅是知识的载体，更是学习过程的支架。在英语学习过程中，学生往往会遇到词汇理解、语法分析、听力理解等方面的困难。数字化学习资源可以提供个性化的学习支持和即时反馈，帮助学生克服学习障碍。例如，智能化的词汇学习App可以根据学生的词汇量和掌握程度，推送“私人定制”的词汇学习内容，并通过图片、例句、词根词缀等方式帮助学生理解词义、记忆词形。在线语法练习系统则可以针对学生的薄弱环节，提供大量针对性练习，并给出详细的解析和说明，指导学生掌握语法规则。这种个性化的学习支持和即时反馈，能够有效提升学生的学习效果，增强其英语应用能力。

此外，数字化学习资源还能够为学生提供真实丰富的语言应用情境，拓宽

其视野，提升其跨文化交际能力。传统英语教学往往局限于课本知识的传授，学生缺乏接触真实语言材料和文化背景的机会。而借助数字化学习资源，教师可以为学生提供大量的原版英语影视作品、新闻报道、文学作品等，让学生在真实的语境中学习和应用语言知识。同时，虚拟学习社区、在线国际交流平台等资源还能够为学生搭建与外国友人交流互动的桥梁，让其在实践中提升语言表达能力、跨文化理解能力和国际视野。这既是语言学习的需要，更是培养新时代国际化人才的必然要求。

（二）互动式学习平台

1. 互动式学习平台的核心优势在于其交互性和个性化

平台通过智能算法分析学生的学习行为和学习数据，为其提供个性化的学习推荐和反馈。例如，当学生在某个知识点上遇到困难时，平台可以自动推送相关的微课视频、练习题和案例分析，帮助学生更好地理解和掌握知识点。同时，平台还支持学生之间、学生与教师之间的在线交流和协作，促进了学习共同体的构建。学生可以通过在线讨论区、学习小组等功能与他人分享学习心得、探讨疑难问题，在交流互动中加深对知识的理解。

2. 互动式学习平台为学生提供了丰富多样的学习工具和资源

例如，学生可以通过在线词典、翻译软件等工具辅助英语学习，利用语音识别、口语评测等功能进行口语练习。平台上的英语素材库涵盖了听、说、读、写、译等各个方面，学生可以根据自己的兴趣爱好和学习目标选择相应的学习材料。此外，互动式学习平台还内置了学习任务管理、学习进度跟踪等功能，帮助学生制订学习计划、监控学习进度，培养其自我管理和自我监控的能力。

3. 互动式学习平台的有效应用离不开教师的引导和支持

教师需要转变教学理念，充分发挥平台的优势，合理设计教学活动。例如，教师可以在平台上发布预习任务，引导学生自主探究；开展在线测试，及时了解学生的学习情况；组织在线讨论和协作，促进学生之间的交流互动。同时，教师应关注学生在使用平台过程中遇到的困难和问题，提供必要的指导和帮助，确保学生能够高效、有质量地开展自主学习。

（三）多媒体教学材料

1. 多媒体教学材料具有更强的交互性、多样性和灵活性

通过视频、音频、动画等多种形式，多媒体教学材料能够为学生创设生动、逼真的语言情境，激发其学习兴趣，提高其学习效率。例如，在听力教学中，教师可以利用多媒体技术播放不同口音、不同语速的音频素材，帮助学生适应真实的语言环境。在口语教学中，教师可以通过视频呈现不同场景下的对话，引导学生进行角色扮演和情景模拟，提高学生的语言运用能力。

2. 多媒体教学材料能够实现教学内容的个性化和差异化

传统的纸质教材内容相对固定，难以满足不同学生的学习需求。而多媒体教学材料可以根据学生的语言水平、学习风格等因素进行适应性呈现，为其提供个性化的学习支持。例如，对于基础较弱的学生，教师可以推送语法知识微课、单词记忆游戏等补充性学习资源；对于学有余力的学生，教师可以提供英语原版图书、外刊杂志等拓展性学习材料。这种个性化的教学设计有助于调动每名学生的学习积极性，实现因材施教。

3. 多媒体教学材料为学生的自主学习提供了便利

在传统课堂教学模式下，学生的学习主要依赖于教师的讲解和纸质教材的使用。而在混合式教学模式下，学生可以利用多媒体教学材料进行课前预习、课后复习和拓展学习。例如，学生可以通过在线学习平台观看教学视频、完成互动练习、参与主题讨论等。这种自主学习方式不仅能够满足学生灵活安排学习时间、自主调节学习进度的需求，还能够培养其自我管理、自我监控的能力，为其终身学习奠定基础。

二、混合式教学增强学生的学习主动性

（一）自主选题与研究

自主选题的过程实质上是一个自主学习的过程。学生需要根据选定的话题，自主制订学习计划，明确学习目标和任务。在这一过程中，学生要学会合理安

排时间，选择恰当的学习资源和方法，监控自己的学习进度，评估学习效果。这些都是自主学习的关键要素。通过反复实践和体验，学生能够逐步掌握自主学习的策略和技能，养成自主学习的习惯。这对于其未来的学习和发展都具有重要意义。

在自主研究的过程中，学生需要运用各种学习策略和方法（如资料搜集、文献阅读、实验操作、数据分析等），以获取相关知识，解决问题。这一过程不仅能够拓宽学生的知识视野，提升其知识应用能力，还能够培养其批判性思维和创新意识。学生在探究未知领域、解决复杂问题的过程中，常常需要打破常规思维定式，提出新颖的见解和方案。这种探索性学习有助于学生创造力的发展。

此外，自主选题与研究还能够促进学生协作学习能力的提升。在研究过程中，学生往往需要与他人合作，共同完成任务。这就需要学生学会沟通交流、分工协作、团队合作等技能。通过与他人的互动交流，学生能够了解不同的观点和思路，学习欣赏差异，尊重他人。这些都是学生未来参与社会实践、适应职业环境所必需的基本素质。

（二）参与式课堂活动

参与式课堂强调学生的主体地位，鼓励其积极投入到教学过程中，通过与教师、同学的互动交流，主动建构知识体系。在这一过程中，学生不仅能够深化对课程内容的理解，更能提升自主学习、合作探究等关键能力。

参与式课堂活动的形式多种多样，但都以学生为中心，强调其自主性和参与度。比如，教师可以组织小组讨论，引导学生就某一话题各抒己见，碰撞思想火花。又如，教师可以设置开放性问题，鼓励学生提出自己的见解，培养其批判性思维能力。在项目式学习中，学生更是通过自主探究和团队协作，来完成复杂的研究任务。这些参与式活动不仅能够激发学生的学习兴趣，调动其主动性，更能促进其自主学习能力的形成。

要实现参与式课堂活动的育人功能，教师的引导至关重要。教师需要精心设计教学环节，提出具有挑战性的问题，创设开放性的教学情境。同时，教师要充分尊重学生的个体差异，根据其学习特点和认知水平，提供差异化的指导和支持。只有在教师恰当的引导下，学生才能在参与式课堂中获得自主学习的真实体验，逐步内化为自身的学习能力。

此外，学生在参与式课堂中的良性互动也不容忽视。学生之间的平等交流和协作探究，是培养其自主学习能力的重要土壤。在集体讨论、小组合作等活动中，学生通过彼此启发、相互质疑，能够不断深化认知、拓展思路。这种互动不仅有助于知识的内化，更能促进学习共同体的形成。学生在协同探究中逐渐掌握自主、合作学习的方法，养成主动探究的学习习惯。

（三）个性化学习计划

在高校英语混合式教学中，制订个性化学习计划有助于充分调动学生的学习主动性，提高学习效率，最终实现因材施教、教学相长的目标。

混合式教学为实施个性化学习计划提供了便利条件。在线学习平台可以记录学生的学习行为数据（如学习进度、练习得分、互动参与度等），并据此对学生的学习特点进行智能分析。教师可以利用这些数据进行深入分析，准确把握每一名学生的学习需求，从而有针对性地调整教学内容和策略。例如，对于基础较弱的学生，教师可以在平台上推送更多的语法练习和知识点解析；对于学有余力的学生，教师则可以提供更具挑战性的任务，如英文演讲、写作等，以充分发挥其语言潜能。

个性化学习计划的制订离不开师生之间的充分互动与协商。教师要充分尊重学生的个体差异和自主选择，在平等交流的基础上引导学生制订切合自身实际的学习目标和计划。学生则需要提高自我认知和管理能力，主动反思自己的学习过程，及时将学习困难和体会反馈给教师。双方应保持密切沟通，根据学生的学习进展动态调整计划，确保学习活动持续优化、保质高效。

个性化学习计划的实施效果评估至关重要。评估不应局限于期末考试成绩，而应采取多元化的评价方式，全面考查学生在语言知识、交际能力、文化意识等方面的进步。过程性评价应占据重要比重，可通过学习档案、阶段测试、项目策划等方式实现。教师还应鼓励学生开展自评与互评，增强其自我监控、主动调节的意识和能力。评估结果应及时反馈给学生，帮助其查漏补缺、巩固提高，同时为下一阶段的个性化教学提供参考依据。

三、混合式教学促进学生的学习策略发展

（一）批判性思维训练

在高校英语混合式教学中，培养学生的批判性思维能力尤为重要。混合式

教学环境为学生提供了丰富多样的学习资源和互动平台，为开展批判性思维训练创造了有利条件。教师应抓住这一机遇，精心设计教学活动，引导学生主动质疑、独立思考，不断提升其批判性思维能力。

培养学生批判性思维的首要任务是激发其探究欲望。在混合式教学中，教师可以通过设置开放性问题、组织辩论讨论等方式，鼓励学生提出不同观点，引发思维碰撞。例如，在学习某个话题时，教师可以提出一些具有争议性的问题（如“你认为社交媒体对人际关系的影响是积极的还是消极的?”）来鼓励学生从不同角度阐述自己的看法，并要求其提供充分的论据支撑。在这一过程中，学生不仅能够认识到问题的复杂性，意识到不同观点的合理性，更能学会用理性的方式表达自己的观点，这对于批判性思维能力的培养至关重要。

教师还应注重培养学生的多角度思考能力。批判性思维的核心在于全面审视问题，而不是简单地接受某一种观点。在英语混合式教学中，教师可以为学生提供丰富的学习资源，如阅读不同立场的文章、观看反映不同文化背景的视频等，帮助其拓宽思路，学会从多元视角分析问题。同时，教师可以组织学生开展小组合作学习，共同探讨某个话题。在与他人的交流互动中，学生能够接触到不同的看法和观点，这有助于其打破思维定式，学会客观辨析，形成理性、成熟的思维方式。

（二）问题解决能力提升

具体来说，教师可以通过创设真实语境，设计开放性、探究性的学习任务，来激发学生运用英语知识解决问题的意识和兴趣。例如，在阅读教学中，教师可以选取与学生生活经历、兴趣爱好相关的篇章，设计一些开放性的问题，如“作者为什么这样说？你是否赞同作者的观点？如果你是文章中的主人公，你会如何解决面临的问题?”这些问题没有标准答案，需要学生根据自己的理解和经历提出见解，培养自身的批判性思维和创新意识。在口语教学中，教师可以设计一些模拟真实交际场景的活动，如角色扮演、小组讨论、辩论等，让学生在完成互动任务的过程中发现和解决问题，提升语言运用能力。

此外，在线学习资源和互动平台的运用也为学生问题解决能力的培养提供了新的途径。学生可以通过在线英语学习社区、外教一对一指导等方式，与他人交流学习心得，共同探讨难点问题，拓宽解决问题的思路。在此过程中，学生不仅能够提升语言技能，还能培养合作精神和跨文化交际能力。

（三）学习方式多样化

混合式教学为学生提供了多样化的学习资源和方式，极大地丰富了学习体验。学生不再局限于课堂和教材，而是可以通过网络平台、移动应用等渠道获取海量的学习资源。这些资源形式多样，包括文本、图片、音频、视频等，能够满足不同学习风格的学生的需求。同时，学生可以参与在线讨论、协作学习等互动式学习活动，与教师和同学进行深入交流，拓展思维空间。多元化的学习方式使学习更加灵活和个性化，学生既可以根据自己的节奏安排学习进度，也可以针对薄弱环节反复练习。这种自主性和灵活性极大地调动了学生学习的积极性，培养了其自主学习能力。

丰富的学习资源和方式为学生提供了更多探索和实践的机会，有助于培养创新思维和实践能力。面对开放性的学习资源，学生需要主动甄别信息的可靠性和相关性，分析和归纳不同观点，形成自己的理解和判断。这一过程锻炼了学生的批判性思维和元认知能力，使其能够在纷繁复杂的信息中把握本质，触类旁通。在参与讨论和协作学习时，学生需要表达自己的观点，倾听和评判他人的观点，这有助于培养沟通表达能力和团队合作精神。在动手实践和项目研究中，学生需要运用所学知识解决实际问题，提出创新方案，这锻炼了发现问题和解决问题的能力。可以说，混合式教学为创新人才的培养提供了肥沃的土壤。

四、混合式教学提高学生的自我管理能力

（一）时间管理方法

混合式教学打破了传统课堂的时空限制，学生可以根据自己的学习需求和节奏灵活安排学习时间。然而，面对海量的数字化学习资源和相对自由的学习环境，如果缺乏有效的时间管理，学生很容易陷入低效学习的困境。因此，在混合式教学中，教师应该有意识地引导学生掌握科学的时间管理方法，合理规划和利用学习时间，提高学习效率。

1. 时间管理的首要任务是制订明确的学习目标和计划

在混合式教学中，教师可以要求学生在学期初根据课程大纲和自身情况，

确定阶段性的学习目标，并据此制订周、月学习计划。在制订计划时，学生需要综合考虑课内外学习任务、时间资源、个人学习习惯等因素，合理估算和分配时间。同时，计划要具有一定的灵活性，以应对学习过程中的突发情况。定期回顾和调整计划也是非常必要的，这有助于学生及时发现问题，优化时间利用。

2. 高效利用碎片化时间是时间管理的另一个重点

数字化学习资源的普及为学生提供了随时随地学习的可能，但如果没有良好的时间管理意识，碎片化时间往往被忽视或浪费。教师应引导学生养成利用碎片化时间学习的习惯，如利用通勤、午休等时间浏览英语新闻、收听英语播客、背诵单词等。对于一些花费时间较为零散的学习任务，学生可以预先制作学习卡片或任务清单，以供随时取用。对碎片化时间的充分利用，不仅能提高学习效率，而且有助于培养学生自主学习的意识和能力。

3. 在时间管理中，克服拖延是一项重要而具有挑战性的任务

面对相对自由的网络学习环境，学生更容易受到其他信息的干扰，导致学习任务的拖延。为此，教师应引导学生分析拖延的原因，采取针对性的应对策略。例如，将大框架的学习任务分解为若干小目标，降低学习的难度和心理负担；学会拒绝不必要的干扰，营造良好的学习环境；合理使用奖励机制，调动学习积极性。与此同时，培养学生的自控力和责任心也是克服拖延的治本之策。教师可以通过分享自己的时间管理经验，树立良好的榜样，帮助学生逐步养成自律学习的习惯。

（二）学习进度监控

传统的面授课堂中，教师可以通过课堂观察、提问、作业等方式直接感知学生的学习进度。但在混合式教学中，学生的线上学习活动往往难以被教师直接观察到。因此，构建科学、有效的学习进度监控机制显得尤为重要。

教师应充分利用在线学习平台提供的数据分析功能，动态跟踪学生的学习行为和完成情况。许多在线学习平台能够自动记录学生的登录次数、学习时长、课件完成度、测验得分等关键数据。通过分析这些数据，教师可以全面掌握每名学生的学习进度，识别出学习进度较慢或遇到困难的学生，并给予针对性的指导和帮助。

教师应合理设置课程的节奏和进度，为学生提供明确的学习计划和时间表。在混合式教学中，教师需要协调线上和线下教学活动，确保二者在内容和进度上的一致性。明晰的学习计划能够帮助学生合理安排时间，并随时查看自己的完成进度，及时调整学习策略。同时，教师可以通过在线学习平台设置阶段性任务和截止日期，督促学生按时完成学习任务。

形成性评价是监控学习进度的重要手段。与传统的终结性评价不同，形成性评价更加注重对学习过程的监测和反馈。在混合式教学中，教师可以通过在线测验、讨论区互动、随堂练习等形式，频繁地检查学生对知识的掌握情况。这些评价不仅能够让教师及时了解教学效果，也能帮助学生认识自己的学习状态，找出薄弱环节，并不断改进学习方法。

此外，师生互动和生生互动也是监控学习进度的有效途径。借助在线交流工具，教师可以与学生保持密切的沟通，随时解答学生的疑问，给予个性化的指导。学生之间也可以通过协作学习、经验分享等方式，相互督促，共同进步。这种良性的互动不仅能够增强学生的参与感和归属感，也能够营造积极向上的学习氛围，促进学习进度的同步提升。

第三节　高校英语混合式教学中培养学生自主学习能力的策略与方法

一、设计以学生为中心的教学活动

（一）互动式课堂设计

在互动式课堂中，教师不再是知识的权威和灌输者，而是学习的引导者和促进者。教师需要根据教学内容和学生特点，设计富有吸引力和挑战性的教学任务，为学生提供自主探究、合作交流的机会。例如，在阅读教学中，教师可以提出开放性问题，引导学生通过小组讨论、角色扮演等方式深入理解文本内容，培养其批判性思维和创新能力。在写作教学中，教师可以创设真实的语境，鼓励学生运用所学语言知识解决实际问题，提高其语言运用能力和跨文化交际能力。

互动式课堂设计还需要注重学生个体差异，提供多样化的学习支持和指导。

教师应充分利用信息技术手段，为学生提供个性化的学习资源和反馈，帮助其克服学习困难、实现自主学习。例如，教师可以利用在线学习平台，为学生提供微课视频、电子图书等丰富的学习材料，引导其根据自身需求选择学习内容和进度。教师还可以通过在线测试和作业，及时了解学生的学习状况，给予针对性的指导和评价，促进其不断进步。

（二）项目驱动学习

在高校英语混合式教学中，项目驱动学习能够极大地提升学生的自主学习能力。通过设计真实、具有挑战性的项目任务，教师能够调动学生的学习兴趣，激发其探究欲望。在项目实施过程中，学生需要自主搜集资料、组织信息，并运用所学知识分析问题、解决问题。这一过程不仅能够帮助学生建构完整的知识体系，更能培养其批判性思维、创新意识和实践能力。

具体而言，在高校英语混合式教学中实施项目驱动学习，可以遵循以下步骤。教师需要根据教学目标和学生特点，精心设计项目任务。一个好的项目任务应具有明确的目标、适度的难度和开放的解决方案。教师要为学生提供必要的指导和支持，帮助其厘清项目思路、把握项目进度。在项目实施过程中，教师还应鼓励学生通过小组协作、头脑风暴等方式集思广益，共同探讨解决方案。教师要组织学生进行项目成果展示和反思总结，帮助其梳理知识脉络，提炼学习经验。

需要注意的是，项目驱动学习并非一蹴而就，它对教师的教学设计能力和指导水平提出了较高要求。教师需要根据学情和教学实际，不断优化项目设计，创新指导方式，才能真正发挥项目驱动学习的优势。例如，在设计项目任务时，教师可以引入企业真实案例或社会热点问题，增强项目的实践性和时代性；在指导学生进行项目实施时，教师可以利用信息化手段为学生提供个性化的支持和反馈，提高指导的针对性和有效性。

（三）小组合作学习

小组合作学习作为一种以学生为中心的教学策略，在高校英语混合式教学中发挥着重要作用。通过精心设计的小组合作活动，教师能够为学生创造真实的语言应用情境，激发其学习兴趣，培养其自主学习能力。在小组合作过程中，学生需要运用英语进行交流讨论、分工协作，共同完成特定的学习任务。这一过程不仅能够提高学生的语言运用能力，还能够锻炼其批判性思维、问题解决等高阶思维能力。同时，小组合作学习有助于培养学生的团队意识和协作精神，为其未来的职业发展奠定基础。

具体而言，在高校英语混合式教学中实施小组合作学习，可以采取多种形式。例如，教师可以根据教学内容和学生特点，将学生分成异质性小组，每个小组包括语言水平高、中、低的学生。这种分组方式有利于学生之间的优势互补和互帮互助，使得每名学生都能在合作中找到自己的位置，获得成就感。在小组内部，学生可以围绕特定的话题或问题展开讨论，相互启发、相互质疑，在碰撞交流中加深对知识的理解。教师则应适时提供必要的指导和反馈，引导学生深入探究、拓展思路。

值得注意的是，小组合作学习的有效实施离不开教师的精心组织和引导。教师需要根据教学目标和学生实际，合理设置小组任务，明确任务要求和评价标准。在小组活动进行过程中，教师应密切关注每个小组的进展情况，适时给予启发性提问和建设性反馈，引导学生深入思考、积极探究。同时，教师应注重培养学生的合作意识和责任心，鼓励其在小组内部进行平等、友善的交流，形成积极向上的团队氛围。

二、利用在线平台促进自主学习

（一）在线资源整合

互联网时代，网络上存在着海量的英语学习资源，包括各种类型的文本、音频、视频、在线课程等。然而，这些资源的质量参差不齐、内容分散、缺乏系统性，学生往往难以从中获取有针对性、高质量的学习内容。因此，教师应发挥专业优势，对网络资源进行甄选、分类和整合，为学生提供优质、系统的在线学习材料。

1. 教师应根据教学目标和学生特点，确定资源整合的原则和标准

例如，教师可以重点选择与课程内容紧密相关、难度适中、形式多样的资源，兼顾语言知识、文化背景、思辨能力等方面的培养。同时，教师应关注资源的权威性和准确性，尽量选用来自可靠机构或专家学者的材料，确保学习内容的学术质量。

2. 教师应对筛选的资源进行系统分类和组织

可以按照主题、语言技能、难度等维度对资源进行归类，方便学生进行针对性的选择和学习。例如，教师可以将阅读材料按照主题划分为科技、文化、社会等，并根据词汇量、语法复杂度等标准划分难度等级。这种分类方式能够帮助学生更加高效、有目的地开展在线学习，提高自主学习能力。

3. 教师应充分利用在线平台，为学生创设互动、协作的学习环境

很多在线教育平台（如慕课、雨课堂等）都提供了丰富的交互功能，如讨论区、问卷调查、小组任务等。教师可以将整合后的资源上传至平台，并设计相应的学习活动，引导学生积极参与在线讨论、合作探究等，加深对知识的理解和内化。同时，教师可以利用平台的数据分析功能，实时跟踪学生的学习进度和效果，及时发现问题并予以干预和指导。

4. 资源整合应体现时代性和前瞻性

教师应紧跟英语教育的前沿动态，适时更新和拓展资源库，为学生提供反映最新语言现象、文化热点、学科进展的学习内容。这不仅能够帮助学生了解和把握英语的发展趋势，拓宽国际视野，还能激发其学习兴趣，提升跨文化交际能力。例如，教师可以选取反映人工智能、全球变暖等热点话题的英文报道，组织学生开展讨论和辩论，培养其批判性思维和语言表达能力。

（二）自主学习任务布置

教师应充分利用平台的优势，精心设计和布置自主学习任务，引导学生合理规划学习进度，培养自我监管和反思能力。通过在线平台，学生可以根据自己的学习需求和节奏，自主选择学习内容，制订学习计划。教师应针对性地设计任务，明确学习目标、重难点和时间要求，为学生的自主学习提供清晰的方向和路径。同时，教师应充分利用平台的互动功能（如在线讨论、提问答疑等），及时解答学生的困惑，引导其深入思考和探究。

自主学习任务的设计应遵循循序渐进、由易到难的原则。初期，教师可布置一些基础性的任务，如预习课文、复习巩固等，帮助学生适应在线自主学习的模式。随着学习的深入，教师应逐步增加任务的难度和复杂度，如阅读拓展材料、完成综合性项目等，以提高学生分析问题、解决问题的能力。同时，任

务内容应贴近学生的生活实际，能够激发其学习兴趣和探究欲望。教师可利用平台提供的丰富资源（如视频、音频、图片等），创设生动形象的学习情境，使抽象的知识具体化，增强学习的吸引力。

为了保证自主学习的效果，教师还应加强过程监管和及时反馈。利用平台的数据分析功能，教师可以实时跟踪学生的学习进度和完成情况，掌握其学习状态和存在的问题。对于学习进度缓慢或质量不高的学生，教师应及时予以提醒和督促，必要时提供个性化的指导和帮助。同时，教师应注重对学生自主学习成果的评价与反馈，可采取多元化的评价方式（如学生自评、生生互评、师生共评等），全面、客观地评估学生的学习表现。通过及时的反馈，帮助学生认清自己的优势和不足，调整学习策略，提高自主学习的效率。

（三）学习进度跟踪

一个有效的学习进度跟踪机制应该包括以下几个方面。在线学习平台应提供详尽的学习行为数据采集功能，如登录次数、学习时长、资源访问情况、作业完成度等。这些数据能够全面、客观地反映学生的学习投入和学习绩效，为教师诊断学情、优化教学提供依据。平台还应开发可视化的学习进度呈现工具，如进度条、学习曲线、能力雷达图等。这些直观、友好的界面设计能够帮助学生实时查看自己的学习进展，了解自己在班级中的相对位置，增强学习的仪式感和成就感。

此外，智能化的学习预警和提醒机制也是进度跟踪不可或缺的组成部分。基于大数据分析技术，在线学习平台可以建立个性化的学习进度模型，动态预测学生的学习路径和风险点。当学生出现学习进度明显落后、学习行为异常等情况时，系统可以自动推送预警信息，提示学生调整学习节奏，同时为教师提供干预决策的参考。智能提醒还可以帮助学生养成自主学习的习惯，如定时推送每日学习任务、生成周学习报告等，从而促进学生形成良好的自我管理能力。

进度跟踪的最终目的是要激发学生自主学习的内驱力，提高其自我监控和自我调节能力。为此，教师应引导学生树立正确的进度观念，不因盲目追求进度而忽视学习质量。通过组织学生制订切实可行的学习计划，鼓励其采取多样化的学习策略，引导其利用进度数据开展自我评估和反思，教师能够帮助学生逐步掌握自主学习的方法，提升元认知水平。同时，教师应营造积极向上的班级学习氛围，加强学习进度的过程性评价，最大限度地调动学生参与在线学习的积极性。

三、教授学习策略与自我管理技巧

(一) 学习方法指导

在高校英语混合式教学中，传统的语言教学往往以教师讲授为主，学生被动接受知识，难以形成独立思考、主动探究的意识和能力。而混合式教学强调以学生为中心，注重引导学生掌握科学的学习策略，养成良好的学习习惯，逐步成长为自主学习者。

在教授学习方法时，教师应着眼于帮助学生构建系统、高效的认知体系。英语学科知识庞杂，涉及语音、词汇、语法、修辞等多个层面，学生若缺乏合理的学习路径和方法，很容易陷入死记硬背、一知半解的困境。因此，教师需要引导学生深入理解语言学习的内在规律，掌握适合自己的记忆策略、阅读技巧、写作方法等，形成融会贯通、举一反三的语言运用能力。例如，在词汇教学中，教师可以指导学生通过语境分析、词根词缀拆解等方式，推断生词含义，加深理解和记忆；在阅读教学中，教师可以教授学生略读、跳读、精读等不同的阅读策略，提高阅读效率和理解深度。

除了学习方法指导，教师应重视培养学生的自我管理意识和能力。自主学习不仅需要掌握科学的认知策略，更需要具备合理规划时间、有效控制学习进度、客观评估学习效果的能力。在混合式教学中，教师可以引导学生制订切实可行的学习计划，合理分配线上线下学习时间；通过学习日志、阶段性测评等方式，督促学生及时跟踪和调整学习进度；鼓励学生定期开展自我评估和反思，客观审视自己的学习状况，及时发现问题并加以改进。通过这些措施，学生能够逐步养成自我监控、自我调节的学习习惯，为自主学习奠定坚实基础。

(二) 自我评估与反思

在高校英语混合式教学中，教师应引导学生定期对自己的学习过程、学习效果进行系统回顾和评价，帮助其找出学习中的优势和不足，进而调整学习策略，优化学习方案。这一过程不仅能够提高学生的元认知水平，增强其自我监控和自我管理能力，更能够激发其内在的学习动机，培养其终身学习的意识和习惯。

具体而言，教师可以通过设计科学的自评量表，引导学生客观地评估自己在知识掌握、技能运用、学习态度等方面的表现。例如，在英语阅读教学中，教师可以提供一份阅读策略清单，要求学生根据自己的实际情况，评价各项策略的使用频率和熟练程度。通过这种方式，学生能够更加清晰地认识自己的阅读能力现状，发现存在的问题，并有针对性地加以改进。同时，教师应鼓励学生撰写学习日志或反思报告，记录自己在学习过程中的体验和感悟。在书写的过程中，学生能够梳理学习脉络、总结学习经验、思考学习方法，从而加深对所学知识的理解和内化。

此外，教师还可以创设多样化的反思情境，引导学生在实践中进行自我评估。例如，在英语口语教学中，教师可以组织学生进行小组讨论或角色扮演，并要求其在活动后对自己的表现进行评价。通过这种身临其境的体验式反思，学生能够更加直观地认识自己在口语交际中的优势和局限，调动多种感官参与反思过程，从而获得更加深刻的认知和情感体验。

四、提供个性化的学习支持与反馈

（一）制订个性化学习计划

在传统的英语教学模式下，学生往往被动地接受知识，缺乏主动学习的意识和能力。而个性化学习计划强调以学生为中心，根据其学习特点、能力水平和发展需求，为其量身定制学习目标、学习内容和学习方式，最大限度地调动学生学习的主动性和积极性。

具体而言，教师首先需要全面了解每名学生的英语学习情况，包括词汇量，语法知识，听、说、读、写、译能力等，并据此确定其英语水平和学习需求。在此基础上，教师与学生共同商讨，制订切实可行的个性化学习计划。该计划应明确学习目标，如提高词汇量、强化语法知识、提升口语表达能力等；同时，该计划应包含具体的学习内容和学习方式，如背诵单词、阅读英文原著、观看英文视频、参与英语角等。

在个性化学习计划的执行过程中，教师应充分发挥引导和支持的作用。一方面，教师要定期与学生沟通，了解其学习进度和学习困难，适时提供指导和帮助；另一方面，教师应创设丰富多样的学习情境，如组织英语演讲比赛、开展英语歌曲赏析等，为学生提供运用语言的机会。此外，教师还可以利用在线学习平台，为学生推送个性化的学习资源，实现线上线下的有机结合。

个性化学习计划的实施效果需要通过多元化的评价方式来考查。除了传统的期中期末考试外，教师还应重视过程性评价，如学习笔记、课堂表现、项目成果等，全面评估学生的学习状况和能力提升。同时，评价的重点应从知识的掌握转移到能力的培养，考查学生运用英语知识解决实际问题的能力。

个性化学习计划的推广和应用对于学生自主学习能力的提升具有重要意义。它突出了学生的主体地位，使其成为学习的主人，从而激发其内在的学习动机；它关注学生的个体差异，因材施教，让每名学生都能在原有水平上获得进步和提高；它培养了学生自主学习、自我管理的习惯，为学生终身学习和可持续发展奠定了基础。

（二）定期反馈机制

在混合式教学中，教师对学生学习过程的评价和反馈是确保教学质量、促进学生自主学习能力发展的关键环节。定期的反馈机制能够帮助学生及时了解自己的学习进展，发现学习中存在的问题，调整学习策略，从而不断优化和深化学习过程。

构建有效的定期反馈机制，首先需要教师转变教育理念，树立以学生发展为中心的教学观念。传统的教学评价往往以考试成绩为主要甚至唯一的衡量标准，忽视了学生在学习过程中的表现和进步。而在混合式教学中，教师应充分利用线上线下教学的优势，采用多元化的评价方式，全面考查学生的知识、能力、情感等各个方面的发展状况。例如，教师可以通过在线测试、课堂提问、小组讨论、项目展示等多种形式，收集学生学习的证据和数据，形成客观、准确的评价。

教师要注重评价的针对性和及时性。在混合式教学中，学生的学习活动呈现出个性化、多样化的特点。因此，教师的反馈也应具有针对性，根据不同学生的学习特点和需求，提供有针对性的指导和建议。同时，反馈应具有及时性，尽可能在学生完成某个学习任务或阶段性目标后，及时给予评价和指导，帮助其及时调整学习方向和策略。定期反馈可以采取周反馈、月反馈等不同的频率，但关键是要把握反馈的时机，使其发挥最大的效果。

此外，教师还应注重反馈的互动性和发展性。反馈不应是单向的信息传递，而应是师生之间的平等对话和互动。教师要鼓励学生对反馈内容提出疑问和看法，共同探讨学习中的问题和对策。同时，反馈还应具有发展性，不仅要关注学生当前的学习状态，更要着眼于其长远发展。教师应根据学生的潜力和特点，为其设定具有挑战性的学习目标，引导其不断进步和提升。

（三）进行学习辅导与咨询

传统的教学模式往往以教师为中心，较为注重知识的传授，在一定程度上忽视了对学生学习能力的培养。面对日益复杂的知识体系和快速更新的信息技术，学生需要掌握高效的学习策略，养成自主学习的习惯，这样才能适应时代发展的需求。因此，在混合式教学中提供个性化的学习辅导与咨询，对于引导学生主动探索、自主学习具有重要意义。

个性化的学习计划是开展学习辅导与咨询的基础。每名学生的学习基础、认知特点、兴趣爱好都存在差异，统一的教学模式难以满足其个性化需求。教师应充分了解学生的学情，结合其特点制订针对性的学习计划。这种计划应包括明确的学习目标、合理的时间安排、适宜的学习资源和方法等要素，为学生的自主学习提供切实可行的指导。同时，学习计划的制订应充分尊重学生的意愿，鼓励其参与到目标设定和方案选择中来，增强其学习的主动性和责任感。

定期的反馈机制是保障学习辅导与咨询实效性的关键。教师应与学生建立畅通的沟通渠道，及时了解其学习进度、存在的困难和情感需求。通过面对面交流、在线答疑、书面点评等多种方式，教师可以针对学生的问题给予及时反馈，帮助其调整学习策略、克服学习障碍。反馈应是具体的、建设性的，既要肯定学生的进步和成绩，又要指出学生的不足和改进方向。只有建立起良性的反馈机制，才能使学习辅导与咨询发挥应有的作用，促进学生自主学习能力的提升。

专业的学习辅导与咨询离不开教师的引导和支持。教师不仅要具备扎实的学科专业知识，还应掌握必要的心理学、教育学理论，了解学生身心发展规律和认知特点。在辅导过程中，教师应根据学生的实际情况，灵活运用启发诱导、案例分析、角色扮演等多种教学方法，引导学生主动思考，激发其学习兴趣。同时，教师应成为学生学习的榜样，以自身的学术修养和治学态度感染学生，帮助其树立正确的学习观和价值观。

五、创设自主学习的校园文化环境

（一）自主学习空间建设

高校应立足学生的实际需求，精心规划和设计自主学习空间，为学生提供便捷、高效的学习环境。

从硬件设施层面来看，自主学习空间应配备完善的多媒体设备、网络系统和信息化平台，确保学生能够便捷地获取各类学习资源。同时，应提供舒适的座椅、恰当的照明和合理的学习分区布局，为学生营造良好的学习氛围。图书阅览区、讨论区、静思区等功能分区的设置，既能够满足学生对不同学习活动的需要，又能够提高空间利用率。

从软件服务层面来看，高校应完善自主学习空间的管理制度和服务体系。建立灵活的开放时间，延长自习室、图书馆等场所的开放时长，为学生提供充足的自主学习时间。配备专业的管理人员，及时维护设备设施，保障自主学习空间的正常运转。开展形式多样的学习指导和咨询服务，帮助学生掌握科学的学习方法，提高自主学习效率。定期收集学生反馈，完善管理服务，不断优化自主学习空间的使用体验。

构建网络化的自主学习平台是拓展自主学习时空的有效途径。借助信息技术手段，高校可以为学生搭建功能强大的网上自主学习系统，实现优质教学资源的共享和个性化学习的支持。网上自主学习平台应涵盖课程视频、电子教材、在线测试、学习管理等多个模块，为学生提供完整的自主学习解决方案。学生可以根据自己的学习进度和兴趣爱好，灵活安排学习计划，充分利用碎片化时间开展自主学习。数据分析技术的应用，还能够为学生提供个性化的学习资源推送和智能化的学习引导，提高自主学习的针对性和实效性。

（二）学习社团与活动

在英语学习社团中，学生可以根据自己的兴趣爱好和学习需求，自主选择参与不同类型的活动，如英语演讲、英语戏剧、英语辩论赛等。这些活动不仅能够满足学生多样化的学习需求，还能够为其提供展示英语应用能力的舞台。在准备和参与活动的过程中，学生需要主动查阅资料、撰写演讲稿、编排戏剧情节、准备辩论论点等，这些都是自主学习能力的具体体现。同时，在与社团成员的互动交流中，学生能够相互启发、共同进步，形成良性的学习氛围。

除了学生自发组织的英语学习社团外，学校还应积极开展形式多样的英语学习活动，如英语歌曲大赛、英语微电影创作大赛、英语国家文化节等。这些活动不仅能够拓宽学生的文化视野，增强其跨文化交际意识，而且能够为学生提供将英语知识付诸实践的机会。在参与活动的过程中，学生需要运用所学语言知识解决实际问题，如与外教交流、撰写活动策划书、制作英文宣传材料等，这有助于提高其英语应用能力和自主学习能力。

需要指出的是，在组织英语学习社团和活动时，教师应发挥适度的引导和支持作用。一方面，教师应根据学生特点和需求，为其提供必要的指导和帮助，如推荐优质学习资源、提供活动策划建议等；另一方面，教师应给予学生充分的自主权，鼓励其自主设计、组织和开展活动，在实践中不断提升自主学习能力。只有在教师引导和学生主体之间达成平衡，才能真正发挥英语学习社团和活动在培养学生自主学习能力方面的积极作用。

（三）自主学习激励机制

自主学习激励机制应建立在尊重学生主体地位、满足其个性化需求的基础之上。教师要充分认识到每名学生在学习风格、认知水平、兴趣爱好等方面的差异，根据学生的实际情况设计差异化的教学内容和学习任务，为其提供个性化的学习支持和指导。同时，教师应为学生创设宽松、民主的学习环境，鼓励其大胆质疑、勇于探索，培养其独立思考、自主学习的能力。只有让学生真正成为学习的主人，调动其内在的学习动机，才能使其产生持久的学习兴趣和动力。

建立多元化的评价体系是自主学习激励机制的重要组成部分。传统的英语教学评价往往以期末考试成绩为主要依据，过于注重语言知识的掌握，却忽视了学生语言运用能力的培养。这种评价方式不仅难以全面、客观地评估学生的学习效果，更无法激发学生自主学习的积极性。因此，教师应建立起包括形成性评价、总结性评价在内的多元评价体系，采用学习档案袋、课堂表现、项目报告等多种评价方式，全面考查学生在语言知识、语言技能、跨文化交际、自主学习等方面的表现。这种注重过程、强调能力的评价体系能够引导学生关注自身的学习过程和策略，客观认识自己的优势和不足，从而不断调整学习方法，改进学习效果。

完善的激励与反馈机制是保证自主学习激励机制有效运行的关键。及时、有效的反馈能够帮助学生掌握学习进度和了解学习效果，发现存在的问题，并针对性地进行改进。教师应根据学生的学习表现，给予积极的评价和鼓励，增强其自信心和成就感。对于学习困难或进步缓慢的学生，教师要耐心地进行个别辅导和帮助，帮助其克服困难，重拾学习信心。此外，教师还可以通过组织英语角、英语演讲比赛、英语话剧表演等形式多样的课外活动，为学生提供展示自我、锻炼能力的平台，调动其参与英语学习的积极性。

第四章　高校英语混合式教学中的师生互动与合作学习

第一节　高校英语混合式教学中的师生互动模式

一、基于任务的师生互动教学模式

（一）任务设计原则

在混合式教学环境下，任务设计是实现师生良性互动的关键环节。合理、有效的任务设计能够激发学生的学习兴趣，引导其主动参与到教学过程中来，从而实现教学相长。反之，如果任务设计不当，就难以调动学生的积极性，教学效果也将大打折扣。因此，教师在进行任务设计时，必须把握一些基本原则，以确保任务的针对性、实效性和吸引力。

具体而言，高校英语混合式教学中的任务设计应遵循以下原则。

1. 目标导向原则

任务设计必须服务于教学目标的达成，每一项任务都应与教学目标紧密联系，成为目标实现的具体路径和方式。教师要在深入分析教学内容的基础上，明确各项任务的具体目标（如语言知识的传授、语言技能的训练、跨文化交际能力的培养等），并据此设计任务的类型、难度和完成方式。唯有如此，任务才能在教学中发挥应有的作用，推动学生朝既定目标迈进。

2. 学生中心原则

混合式教学强调学生的主体地位，任务设计也应体现这一理念。教师要充分考虑学生的认知特点、兴趣爱好、知识基础等，设计出符合其身心发展规律、难易适中、形式多样的任务。任务内容应贴近学生生活，与其已有经验相联系；任务形式应丰富多彩，既要有个人任务，也要有小组合作；任务难度应循序渐进，既要有助于巩固基础，又要有利于拓展视野。如此，学生才会觉得任务有吸引力，会主动投入到任务完成中，学习的积极性和创造性才能得到充分发挥。

3. 过程导向原则

语言学习是一个长期渐进的过程，任务设计要体现过程导向，注重培养学生的语言实践能力。具体来说，任务应包含输入、内化、输出等环节，引导学生在完成任务的过程中，接收语言信息，内化语言知识，运用语言技能。同时，任务应注重过程评价，及时给予学生反馈和指导，帮助其调整学习策略，改进学习方法。通过设置递进式、链条式的系列任务，教师可以引领学生循序渐进地提高语言运用能力，最终达成预期的教学目标。

4. 整合创新原则

混合式教学为英语教学提供了更加广阔的平台和丰富的资源，任务设计应充分利用这一优势，整合线上线下资源，创新任务内容和形式。一方面，教师可以利用网络平台，将听、说、读、写、译等技能训练有机结合，设计出内容丰富、形式新颖的综合任务，提高学生的语言综合运用能力。另一方面，教师还可以利用多媒体技术，通过视频、动画、虚拟现实等方式呈现任务，增强任务的趣味性和交互性，吸引学生主动探究、乐于实践。

（二）任务实施步骤

在任务实施阶段，教师需要围绕预设的教学目标，引导学生通过各种形式的互动（如小组讨论、角色扮演、情景模拟等），积极参与到语言实践活动中来。在这一过程中，教师要充分发挥“导演”和“导航员”的作用，既要精心设计任务情境，又要及时给予学生必要的指导和反馈，确保任务活动在正确的轨道上有序推进。

具体来说，任务实施可以分为三个步骤：任务导入、任务操作和任务反馈。

在任务导入阶段，教师需要通过多种方式激发学生的学习兴趣，帮助其理解任务的目标和要求。例如，教师可以利用多媒体手段呈现与任务相关的图片、视频等，营造身临其境的语言环境；又如，教师可以设计情境问题或案例分析，引导学生思考和讨论，使其意识到完成任务的必要性和紧迫性。总之，任务导入要做到情境创设真实、问题设计新颖，要充分调动学生的主观能动性。

在任务操作阶段，教师要为学生提供充足的语言实践机会，鼓励其大胆尝试、勇于表达。针对不同类型的任务，教师可以采取不同的组织形式，如个人独立完成、结对互助练习、小组合作探究等。在这一过程中，教师要对学生的语言输出给予及时的监控和反馈。一方面，教师要敏锐地观察学生在完成任务过程中的语言表现，发现并纠正其中存在的错误或不足；另一方面，教师要适时给予学生鼓励和表扬，增强其语言学习的信心和兴趣。此外，教师还要注重引导学生在完成任务的同时，主动运用学过的语言知识，实现语言学习与语言运用的有机结合。

在任务反馈阶段，教师要组织学生对任务完成情况进行总结和评价。这既包括学生对自己和他人语言表现的评价，也包括教师对学生语言输出的点评。在学生自评和互评环节，教师要鼓励学生用英语表达自己的观点和看法，找出在完成任务过程中的得与失、优与劣。在教师点评环节，教师要对学生的语言表现给予客观、中肯的评价，既肯定学生的进步和闪光点，又指出存在的问题和不足，并提出改进的建议和措施。值得注意的是，教师在进行反馈时，要充分尊重学生的情感，避免打击学生的自信心和积极性。

（三）任务评估方法

1. 形成性评估是任务评估的重要形式

在混合式教学过程中，教师应及时跟踪学生的学习进度和任务完成情况，通过课堂观察、提问、测验、作业等方式，了解学生对知识的掌握程度和能力的发展水平。这种即时性的评估反馈可以帮助学生及时调整学习策略、克服学习困难，也为教师优化教学设计提供了依据。例如，教师可以在线上平台设置阶段性测验，考查学生对重点知识的理解和运用；又如，教师可以要求学生提交阶段性学习反思，分析自己的学习收获和不足，制订后续学习计划。这些形成性评估活动不仅能够促进学生的自主学习和反思能力，更能为教师提供个性化教学的参考。

2. 终结性评估也是任务评估不可或缺的方面

终结性评估通常在教学单元或课程结束时进行，旨在全面考查学生的学习成果和综合素质。在混合式教学中，终结性评估应突出任务驱动和能力导向，通过情境化、开放性的任务设计，考查学生运用知识解决实际问题的能力。例如，教师可以布置一个综合性项目任务，要求学生运用所学知识开展调查研究，撰写研究报告并进行汇报展示。在完成任务的过程中，学生不仅能够巩固和深化所学知识，还能锻炼分析问题、解决问题的能力，培养团队协作、沟通表达等关键素养。对于这类综合性任务的评估，教师应制定科学的评估标准和评分量规，既要考查任务的完成质量，也要关注学生在完成任务过程中表现出的能力和素质。

无论是形成性评估还是终结性评估，任务评估都应体现以学生发展为中心的理念。评估不应仅仅着眼于学生的学习结果，更应关注学生在完成任务过程中的收获和进步。因此，教师在设计评估方案时，应充分考虑学生的个体差异和发展需求，为不同水平的学生提供适合的评估任务和标准。同时，评估应突出学生的主体地位，鼓励学生参与到评估过程中来，通过自评、互评等方式，提高学生的自我认识和评判能力。

二、反馈与评估中的师生互动策略

（一）反馈类型

正面反馈是对学生学习表现的肯定和赞赏，旨在强化其积极行为和正确认知。在混合式教学中，教师可以通过多种方式给予学生正面反馈，如在线上讨论区点赞、回复鼓励性评论，或在线下面授课堂上当众表扬等。这些反馈方式能够满足学生被认可、被重视的心理需求，提升其自我效能感和学习动力。同时，正面反馈能营造积极向上的课堂氛围，增进师生感情，为学生的健康成长提供良好的情感支持。需要注意的是，正面反馈应具有针对性和真实性，避免空泛或虚假的赞美。只有当学生取得实际进步或作出突出表现时，教师的肯定才能真正发挥激励作用。

与之相对，负面反馈则是对学生学习中存在问题的指出和批评，目的是帮助其认识错误、改进不足。在混合式教学中，教师既可以在线上通过私信、邮件等方式个别反馈，也可以在线下面授环节指出问题。负面反馈对学生的自尊心和学习热情可能产生一定的打击，因此，教师在提出批评意见时，应采取委婉、建设性的方式，多从学生的角度思考，体现对学生的理解和关心。例如，可以先肯定学生的进步和努力，再指出具体问题；提出批评意见的同时，也要给出改进的建议和方向，让学生看到希望、重拾信心。总之，负面反馈应以促进学生发展为出发点，避免简单苛责，防止打击学生积极性。

除了正、负面反馈的划分，教育界还提出了及时反馈和延迟反馈的概念。

及时反馈是指教师在教学过程中随时对学生的表现给予评价，如课堂随机提问后立即点评、作业批改后迅速反馈等。及时反馈能够帮助学生快速认识自己的优缺点、调整学习状态，避免错误认知的强化。特别是在语言学习过程中，及时反馈和纠错对于学生习得正确的语言形式至关重要。相比之下，延迟反馈则是指教师在教学过程结束后，对学生的整体表现进行系统评价，如期末总结性评语、学期成绩反馈等。延迟反馈能够帮助学生全面审视自己一段时间内的学习状况，总结经验教训，制订长远规划。在混合式教学中，教师可以灵活选择及时反馈和延迟反馈，或将二者结合起来，形成完整、系统的评价体系。

（二）反馈时机

就混合式教学而言，反馈时机的选择需要兼顾线上、线下两个维度。

在线上学习环节，学生通常以自主学习为主，教师的反馈多以文字、语音等形式呈现。这种情况下，及时性是反馈的首要原则。教师应密切关注学生在线学习的进度和质量，通过学习平台、即时通信工具等渠道，对学生提出的疑问给予快速响应，对其完成的任务给予及时评价。同时，教师还应根据学生的个性化需求，提供有针对性的学习建议和进行资源推送，帮助其克服学习障碍，保持学习动力。

在线下教学环节，教师与学生面对面互动，反馈形式更加多样化，包括言语表达、肢体语言、情感交流等。相较于线上反馈，线下反馈更加直观、灵活，也更能够捕捉学生的即时反应。在这一环节，教师应把握实时性原则，根据教学内容的复杂程度、学生的认知水平，选择恰当的时机给予反馈。对于一些相对简单的问题，教师可以立即给出明确的答复或纠正；而对于一些开放性、探索性的问题，教师则应给予学生独立思考的空间，在其陷入困境时再适时给予启发和引导。此外，课堂氛围也是影响反馈时机选择的重要因素。当课堂气氛活跃、学生参与度高时，教师可以适当增加反馈的频率，以保持学习热情；当课堂气氛较为沉闷、学生注意力涣散时，教师则应减少反馈，避免过多干预学生的思维。

（三）评估标准

在高校英语混合式教学中，科学、合理的评估标准不仅能够全面反映学生的学习成果，更能够引导教学活动的优化和改进。构建多元化的评估指标体系是制定评估标准的基础。传统的英语教学评估往往过于注重考试成绩，忽视了对于学生语言运用能力、跨文化交际能力、自主学习能力等多维度素质的考查。这种单一化的评估方式难以真实反映学生的全面发展水平，也无法激发其学习兴趣和主动性。因此，在制定混合式教学评估标准时，教师应综合考虑知识、能力、情感态度等多个维度，构建起覆盖面广、针对性强的评估指标体系。

具体而言，评估指标可以包括课堂参与度、在线学习进度、互动讨论质量、课程项目完成情况、期末考试成绩等。每个指标都应设置明确的评判标准和权重，以保证评估的客观性和公平性。同时，教师应根据教学内容和学情特点，适当调整指标内容和比重，切实提高评估的信度和效度。

丰富评估方式是提高评估标准科学性的关键。在混合式教学中，线上线下相结合的学习方式为实施多元评估提供了便利条件。教师可以通过在线测试、电子档案袋、同伴互评等方式，动态跟踪学生的学习过程，及时发现并解决学习困难。与此同时，线下的课堂表现、小组合作、项目展示等也应纳入评估范围，以全面考查学生的知识应用能力和综合素质。

多元的评估方式不仅能够降低单一评估的片面性，更能够激发学生参与评估的主动性，培养其自我管理、自我监控的意识和能力。值得注意的是，无论采取何种评估方式，都应体现发展性评价的理念，关注学生的进步和成长，而非简单地给出一个结果性的分数或等级。只有形成性评价与总结性评价相结合，过程性评价与终结性评价并重，才能真正发挥评估的引导和促进作用。

完善评估反馈机制是保障评估标准有效实施的前提。评估的目的不仅在于考查学生的学习效果，更在于发现问题、改进教学。因此，教师在评估后应及时向学生提供详细、具体的反馈信息，帮助其认清自己的优势和不足，明确今后的努力方向。同时，教师应根据评估结果反思教学实践、优化教学内容、改进教学方法，以更好地满足学生的学习需求。

三、个性化指导与师生互动的实现

（一）学生需求分析

从学习需求的差异性来看，不同学生对英语学习的兴趣爱好、学习动机存在较大差异。一部分学生学习英语的主要目的是应对考试，另一部分学生则是出于对英语文化的喜爱或未来工作的需要。学生的差异化需求对教学内容的选择、教学方法的采用都提出了更高要求。教师要充分考虑学生的不同需求，在教学中为他们提供多样化的学习资源和学习活动，满足不同学生的个性化发展需要。

从学生的认知特点来看，他们在英语语言基础、学习策略运用等方面存在明显差异。一部分学生语言基础薄弱，学习策略欠缺，难以适应大学英语学习的节奏和要求。另一部分学生则具有扎实的语言功底和良好的学习习惯，能够较好地把握学习进度。教师需要全面了解学生的认知特点和学习困难，有针对性地给予指导和帮助。对于基础薄弱的学生，教师要给予更多鼓励和支持，引导其树立学习自信，掌握科学的学习方法。而对于语言基础较好的学生，教师要给予更具挑战性的学习任务，激发他们进一步提升语言能力的热情。

从学生的发展潜力来看，每一名学生都具有独特的个性特质和发展潜能。混合式教学为发掘学生的个性潜力提供了广阔空间。教师要善于观察学生在学习过程中表现出的特长和优势，给予适时的引导和支持。例如，对于口语表达能力突出的学生，教师可以鼓励其多参与课堂讨论，锻炼口语交际能力；对于写作能力较强的学生，教师可以引导其在写作训练中挑战更高难度的任务，探索更多文体的写作。总之，教师要立足学生的个性化特点，为其提供施展特长、发掘潜力的机会和平台。

开展学生需求分析需要教师综合运用多种方法和渠道。问卷调查是了解学生需求的重要途径，教师可以设计涵盖学习兴趣、学习动机、学习难点等维度的调查问卷，全面收集学生对英语学习的看法和建议。访谈法也是分析学生需求的有效方式，教师可以与学生进行一对一或小组访谈，深入了解学生在英语学习中遇到的困惑和期望获得的帮助。此外，教师还可以通过课堂观察、学习档案分析等方式动态监测学生的学习状态，及时发现他们学习需求的变化。

（二）个性化教学方案

面对学生英语水平参差不齐、学习需求多样化的现状，教师必须立足学情，因材施教，为不同层次、不同风格的学生提供切合其特点的学习支持和指导。这不仅有助于充分调动学生学习的主动性和积极性，更能促进其语言综合运用能力的提升。

深入分析学生需求是制订个性化教学方案的前提。教师应通过问卷调查、访谈、测试等多种方式，全面了解学生的英语基础、学习动机、认知风格、兴趣爱好等，并在此基础上归纳学生的共性和个性特征。例如，一部分学生可能在语法和词汇方面基础薄弱，但具有较强的言语模仿能力；另一部分学生则可能在听说方面有所欠缺，但善于逻辑思辨和批判性思维。针对这些差异，教师应分类施策，因人而异地调整教学内容、教学策略和学习任务，最大限度地满足学生的个性化需求。

在教学目标设定上，个性化教学方案应兼顾整体性和针对性。一方面，教师要根据英语课程标准和教学大纲的要求，确定覆盖全体学生的总体教学目标，如培养学生的英语学科核心素养、提高其语言综合运用能力等。另一方面，教师应针对不同学生的特点和需求，提出有针对性的学习目标。例如，对语法基础薄弱的学生，教师可重点关注其语法知识的掌握和运用；对口语表达欠佳的学生，教师则可强调其口头交际能力的提升。这种“一般目标＋特殊目标”的教学设计，既保证了教学的整体性和系统性，又兼顾学生的个体差异，有利于其潜能的充分发挥。

教学内容的选择和组织是个性化教学方案的核心环节。教师应根据学生的认知水平和接受能力，有针对性地筛选、调整教材内容。对于基础薄弱的学生，教师可以减少课文的难度，补充一些语言基础知识，帮助其夯实英语根基；对于学有余力的学生，教师则可以拓展课外阅读材料，引入高阶思维任务，满足其进阶学习的需求。此外，教师还应合理设计教学活动和练习，为不同层次的学生提供恰如其分的学习体验。例如，在阅读教学中，教师可针对不同学生的需求设置基础性、提高性、拓展性三个层级的阅读任务；在口语教学中，教师可根据学生的语言表达能力，灵活选用角色扮演、小组讨论、辩论等不同形式的活动。只有因材施教、因需施教，才能真正实现学生的个性化发展。

在教学实施过程中，个性化指导和持续反馈至关重要。教师应密切关注每名学生的学习进程和效果，适时给予针对性的指导和帮助。对于学习困难的学生，教师可以通过面对面辅导、在线答疑等方式，帮助其梳理知识脉络，突破学习障碍；对于进步明显的学生，教师要给予积极鼓励和肯定，增强其自信心和学习动力。同时，教师应建立多元化的评价反馈机制，综合运用形成性评价和总结性评价，客观全面地评估学生的学习表现。通过及时反馈学习结果，引导学生调整学习策略，不断改进和提高学习水平。

（三）指导效果评估

在高校英语混合式教学中，指导效果评估应建立在多维度、动态化的基础之上，综合考查学生在知识、能力、情感态度等方面的进步和发展。

从知识层面来看，指导效果评估应关注学生英语语言知识的掌握情况。这不仅包括词汇、语法等基础知识，还涉及语篇、语用等高层次知识。教师可以通过课堂观察、作业分析、测验考试等方式，全面了解学生知识体系的完整性和系统性。同时，评估应重视学生知识运用能力的提升，考查其是否能够灵活地将所学知识迁移到新情境中，解决实际问题。

从能力层面来看，指导效果评估应聚焦学生英语语言应用能力的培养。这既包括听、说、读、写、译等基本技能，也涵盖思辨、创新、跨文化交际等高阶能力。教师应设计真实、多样的语言应用任务（如英语演讲、写作、辩论等），引导学生在实践中强化语言运用能力。在评估过程中，教师还应关注学生学习策略的优化和自主学习能力的提高，为其终身发展奠定基础。

从情感态度层面来看，指导效果评估应重视学生积极情感体验的塑造。英语学习的过程往往伴随着焦虑、畏难等消极情绪，教师应通过评估及时发现学生情感波动，并给予针对性疏导。同时，评估应考查学生学习兴趣的培养和价值观的形成，引导其树立正确的学习动机，增强文化自信。只有在情感体验良好的基础上，学生才能保持持久的学习动力，最终实现全面发展。

四、师生互动中技术工具的应用

（一）在线交流平台

从互动时间来看，在线交流平台实现了师生互动的“延时性”。教师可以在课前、课后通过平台发布预习提示、课后总结，引导学生开展自主学习。学生也可以利用碎片化时间在平台上提出疑问，与教师、同学交流讨论。这种不受课堂时间限制的互动模式，有利于学生合理安排学习进度，提高学习效率。

从互动方式来看，在线交流平台实现了师生互动的“多样性”。除了文字交流，教师还可以通过语音、视频等方式与学生互动，使交流更加直观、生动。学生也可以通过上传文档、图片等资料，与教师分享学习心得和成果。多样化的互动方式不仅能够满足不同学生的学习偏好，也有利于营造轻松愉悦的交流氛围。

从互动内容来看，在线交流平台实现了师生互动的“深度性”。相较于课堂互动，在线平台为师生提供了更加开放、平等的交流空间。学生可以就学习中遇到的困惑、疑虑与教师深入探讨，教师也可以针对学生的个性化需求给予针对性指导。这种深度互动有助于学生梳理知识脉络，形成系统认知，提升学习效果。

从互动主体来看，在线交流平台实现了师生互动的“主体性”。在传统教学中，教师往往处于主导地位，学生处于被动接受的地位。而在线平台为学生提供了更多表达观点、展示才华的机会，使其真正成为学习的主人。学生可以在平台上自由组织学习小组，开展协作探究，在交流碰撞中实现自我成长。这种以学生为主体的互动模式，有利于激发学生的学习热情，培养其自主学习能力。

（二）互动教学软件

从功能设计上看，优秀的互动教学软件能够满足教学过程中的多样化需求。它们不仅具备在线学习、资源共享、作业管理等基本功能，还集成了实时讨论、头脑风暴、协作编辑等先进的交互式工具。通过这些工具的运用，教师可以灵活设计教学活动，引导学生积极思考、主动参与，激发其学习兴趣和探究欲望。同时，学生能在互动中锻炼表达能力、培养批判性思维，增强与他人合作的意识和技能。可以说，互动教学软件为实现以学生为中心的教学理念提供了有力支撑。

从实践应用上看，互动教学软件在高校英语混合式教学中发挥着日益重要的作用。Blackboard、Moodle 等在线教学平台已经成为许多高校英语课程的重要组成部分。教师通过平台发布学习资源、布置作业任务，学生则可以随时随地访问材料、提交作业、参与讨论。这种不受时空限制的学习方式，极大地拓展了课堂教学的时间和空间，为学生的个性化学习和自主学习创造了条件。此外，批改网、Unipus 等专门的英语学习软件，则在写作批改、口语训练等方面提供了智能化的辅助工具。它们利用大数据分析、自然语言处理等技术，为学生提供个性化的学习反馈和指导，提高了教学的针对性和实效性。

（三）数据分析工具

随着教育大数据的快速积累和数据分析技术的不断进步，教师可以利用各类数据分析工具深入洞察学生的学习行为模式、认知水平和个性化需求，从而优化教学设计，提升师生互动质量。

数据分析工具能够帮助教师全面采集和分析学生在混合式学习环境中产生的海量数据，包括学习时长、学习进度、在线讨论参与度、作业完成情况等。

通过对这些数据进行统计分析和可视化呈现，教师可以直观地了解每名学生的学习状态和课堂整体的学习效果，及时发现其学习困难或学习偏差，从而有针对性地开展个性化指导和课程优化。例如，对于学习进度明显滞后的学生，教师可以通过数据分析工具诊断其学习障碍，提供额外的学习资源和辅导支持；对于学习兴趣不高的学生，教师可以根据其兴趣特点和认知风格，设计个性化的学习任务和互动活动，提升其参与度和获得感。

此外，数据分析工具还能够挖掘学生学习行为背后的深层规律和关联关系。通过对学生的学习轨迹、知识掌握情况、能力发展水平等进行多维度分析，教师可以洞察影响学生学习效果的关键因素，识别不同学生群体的共性特征和差异化需求。这些洞见可以帮助教师优化教学内容的呈现方式、调整教学策略的侧重点，因材施教，促进每一名学生的个性化发展。同时，数据分析结果可以为教学管理部门提供决策参考，如优化课程体系设置、改进教学质量评估等，推动高校英语教学的整体变革。

第二节　合作学习策略在高校英语混合式教学中的应用

一、合作学习策略的基本概念与优势

（一）合作学习的概念

合作学习是一种以小组为基本学习单位、强调学生之间积极互动的教学策略。在合作学习中，学生通过相互帮助、共同探讨，实现知识的建构和问题的解决。这种学习方式打破了传统教学中以教师为中心、学生被动接受知识的模式，充分发挥了学生的主体作用，激发了学生的学习兴趣和动机。合作学习不仅有助于提高学生的学业成绩，更能培养学生的社会交往能力、团队协作精神和批判性思维能力。

（二）合作学习的优势

合作学习更加注重学生的参与和体验，能够有效激发学生的学习兴趣，培养其自主学习能力和团队协作精神。通过小组合作、分工协作、互帮互助，学生不仅能够深化对知识的理解和掌握，而且能够提升语言运用能力、沟通表达能力、批判性思维能力等多方面素质。

从认知层面来看，合作学习为学生提供了一个相互启发、相互补充的平台。在小组讨论和任务完成的过程中，学生可以通过多角度的思考和交流，加深对英语知识的理解。不同观点的碰撞、不同思路的融合，能够帮助学生突破思维定式，拓宽认知视野。同时，在解释自己观点、倾听他人意见的过程中，学生的元认知能力也得到锻炼，逐步学会反思自己的学习过程，调整学习策略。

从情感层面来看，合作学习营造了一个积极、轻松、愉悦的课堂氛围。在传统教学模式下，学生往往处于被动接受的地位，容易产生畏难情绪和抵触心理。而在合作学习中，学生是学习的主人，通过积极参与、平等互动，能够获得成就感和自信心。小组成员之间的鼓励支持、共同进步，也增强了学生的归属感和责任感。这些积极的情感体验，有助于学生保持学习动力，克服英语学习过程中的困难和挫折。

从社会层面来看，合作学习为学生提供了一个锻炼社交能力、适应社会生活的平台。通过在小组内部的角色扮演和任务分工，学生能够学会如何与他人合作，如何进行有效沟通，如何化解矛盾冲突。这些宝贵的体验和能力，不仅有助于提高学生的英语语言水平，更为其未来走向社会、适应职场环境奠定了良好基础。合作学习培养的团队意识、组织协调能力、领导力等，都是学生综合素质的重要组成部分。

二、小组合作学习在高校英语教学中的应用

（一）小组构成与分配

科学、合理地进行小组构成与分配是开展小组合作学习的基础和前提。教师在实施小组合作学习时，首先需要根据教学目标和学生特点，合理确定小组规模。一般而言，小组规模以 4～6 人为宜，既能保证小组内部有充分的互动和讨论，又不至于因人数过多而难以管理。同时，小组规模要考虑到课堂空间、教学资源等客观条件的限制。

在小组构成上，教师应遵循异质性原则，尽可能将不同语言水平、学习风格、性格特点的学生组合在一起。这种多元化的组合方式有利于学生之间的互补和促进。例如，可以将语言基础较好的学生与语言基础较弱的学生分在同一小组，让他们在合作过程中相互帮助、共同提高；也可以将学习风格不同的学

生组合在一起，让他们在讨论交流中学会欣赏差异、包容多样。当然，在进行异质性分组时也要注意把握“度”，避免水平悬殊或个性差异过于突出，以免影响小组的和谐与效率。

在小组分配上，教师可以采取随机分组、自由组合、教师指定等多种方式，根据不同教学内容和环节灵活选择。随机分组有利于打破学生原有的小团体藩篱，拓展其交往圈；自由组合则能充分尊重学生的意愿，增强其参与的主动性；教师指定则便于对小组进行针对性的调控和引导。无论采取何种分组方式，教师都应充分考虑学生的个体差异和小组的整体结构，力争做到因材施教、因事制宜。

（二）小组活动设计

在进行高校英语混合式教学中开展合作学习时，教师在设计小组活动环节需要有的放矢，遵循一定的原则和策略。

1．教师应根据教学目标和教学内容，明确小组活动的具体任务

这些任务可以是情景对话、阅读理解、写作练习等，但都要具有一定的开放性和挑战性，以激发学生的学习兴趣和探究欲望。同时，任务难度要适中，既不能太简单以致学生轻易完成，也不能太难以致学生望而却步。教师可以采用循序渐进的方式，逐步提高任务复杂程度，引导学生不断突破自我、提升能力。

2．教师要合理设置小组活动的时间和空间

在时间方面，要考虑到学生的注意力持续时间和学习节奏，既要给学生留出充足的讨论和完成任务的时间，又要防止时间过长导致学生疲惫或跑题。一般来说，小组活动时间以20～30分钟为宜。在空间方面，要为学生创设良好的讨论环境，可以利用教室内的移动课桌椅灵活布置，也可以利用网络平台搭建虚拟讨论室。无论是线下还是线上，都要确保学生能够便捷地进行交流互动。

3．教师要为小组活动提供必要的支持和引导

在活动开始前，教师要明确告知学生任务要求、完成时限、成果展示形式等，以便学生做好准备、明确目标。在活动过程中，教师要适时给予启发和点拨，帮助学生厘清思路、解答疑惑，但不能包办代替或过多干预。教师更应注

重观察学生在小组互动中的表现，了解他们的学习进度和思维方式，从而获得教学反馈，优化后续教学设计。在活动结束后，教师要组织学生分享和反思，不仅要肯定他们的进步和收获，也要指出他们存在的不足和改进空间。

三、合作学习中的角色类型与责任分配

（一）角色类型

合作学习小组中可以设置以下五类角色：组长、记录员、报告员、质疑者和协调员。组长负责组织和领导小组活动，协调成员之间的分工与合作；记录员负责记录小组讨论过程和结果；报告员负责向全班汇报小组的学习成果；质疑者负责提出问题，引发深入思考；协调员负责化解成员之间的矛盾，维护良好的人际关系。

为了发挥每名学生的优势，教师应当根据学生的性格特点、能力水平和兴趣爱好，合理分配角色。内向、细致的学生可以担任记录员；口头表达能力强的学生可以担任报告员；善于思考、敢于质疑的学生可以担任质疑者；沟通协调能力强的学生可以担任组长或协调员。当然，角色分配并非一成不变。随着学习任务的变化和小组的发展，学生应当学会扮演不同的角色，在合作中不断提升自己的综合素质。

教师在指导角色分配时，还应当注重培养学生的元认知能力，引导其反思自己在小组中的角色定位和行为表现。通过自我评价和同伴评价，学生可以更清晰地认识自己的优势和不足，调整角色扮演策略，优化学习方式。同时，教师也要关注学生在角色扮演过程中的情感体验，适时给予鼓励和支持，帮助其建立自信，提升合作效能感。

（二）责任分配

教师应根据学生的个性特点、知识技能、学习风格等因素，为其分配适合的角色。例如，善于组织协调的学生可以担任组长，负责统筹小组活动的开展；擅长书面表达的学生可以担任记录员，负责整理小组讨论的结果；善于表达、乐于分享的学生可以担任报告员，代表小组发言。教师还应注意发挥学生的特长，让其在小组中找到自己的位置，获得成就感。同时，教师要适当调整角色分配，给予每名学生展示自我、锻炼能力的机会。

教师要明确界定每个角色的职责，并对其提出明确要求。组长不仅要统筹规划小组活动，还要关注每个成员的参与度，及时给予鼓励和帮助；记录员不仅要完整记录讨论结果，还要梳理讨论过程中的重要信息，为后续学习提供参考；报告员不仅要准确表达小组观点，还要尊重他人意见，必要时进行补充和修正。教师应以书面或口头的形式将这些要求传达给学生，并在活动过程中予以指导和监督，确保各司其职、各尽其责。

教师要加强小组内部的责任分配，鼓励小组成员主动承担责任。一个高效的小组不能只依靠组长或个别成员，而要发挥每个人的主观能动性。教师可以引导学生根据任务的需要，合理分工、明确责任。例如，在开展项目学习时，小组成员可以根据自己的兴趣和特长，分别负责资料收集、方案设计、成果制作等环节。在这个过程中，教师要注重培养学生的责任意识，让其意识到个人与集体的利益相互交融，个人的言行对小组的影响至关重要。只有人人都承担起自己的责任，积极配合、通力合作，才能确保项目的顺利完成。

第三节　基于虚拟社区与实体班级的高校英语混合式教学实践

一、虚拟社区与实体班级的融合模式

从知识建构的角度来看，融合模式有利于促进学生对英语知识的主动探索和深度理解。在虚拟社区中，学生可以通过观看微课视频、参与在线讨论、完成交互式练习等方式，自主地学习和巩固语言知识点。教师则可以利用大数据技术对学生的学习行为进行跟踪分析，及时发现问题并提供个性化的指导和反馈。这种自主探究式的学习方式能够激发学生的内在学习动机，提高其语言学习的主动性和参与度。

与此同时，面授课堂则为学生提供了运用语言知识、提升语言技能的真实情境。通过小组合作学习、任务型教学等多种形式的课堂活动设计，教师能够引导学生在具体语境中学以致用，加深对知识的理解和内化。小组讨论、角色扮演等互动性强的活动不仅能够提高学生的语言表达能力，也有助于培养其批判性思维和创新能力。在合作探究的过程中，学生能够相互启发、取长补短，在思想的交流碰撞中实现认知结构的重组与优化。

从能力培养的角度来看，融合模式为学生提供了多元化的语言实践机会，有利于提升其英语综合应用能力。虚拟社区中丰富的学习资源和交流平台，为学生营造了接近真实的语言使用环境。学生可以通过在线听力、阅读、写作等实践活动，全方位地接触和运用语言，提高语言理解和表达的熟练度。同时，网络环境也为师生、生生之间的跨时空交流提供了便利，学生能够随时随地与他人进行语言互动，在不断地使用中提升语言交际能力。

此外，虚拟社区还能拓宽学生的文化视野，培养其跨文化交际意识和能力。网络上的海量英语学习资源蕴含着丰富的文化背景知识，学生通过浏览这些资源，能够更直观地了解英语国家的风土人情、历史文化和社会习俗，加深对语言背后文化内涵的理解。同时，学生可以利用网络平台与来自不同国家和文化背景的语言学习者进行交流，在跨文化对话中增进相互理解的程度，提升文化敏感性和包容性。这种跨文化交际能力的养成，对于学生未来在全球化背景下的学习、工作和生活都具有重要意义。

从情感态度培养的角度来看，融合模式有助于营造愉悦、积极的英语学习氛围，提高学生学习的自信心和热情。相较于传统课堂教学的单向知识传递，虚拟社区学习环境更加自由、平等，学生能够根据自身特点和需求灵活安排学习进度和方式，获得更多的自主权和成就感。同时，频繁的师生互动和生生交流也能增强学习的社会性和参与感，学生在与他人分享、讨论、协作的过程中能够获得情感支持和鼓励，对英语学习产生更加积极正向的情感体验。

二、虚拟社区在高校英语教学中的应用

（一）虚拟社区平台选择

合适的虚拟社区平台能够为师生互动、资源共享、协作学习提供有力支持，促进传统课堂与网络学习的有机融合。在选择虚拟社区平台时，需要综合考虑平台的功能、易用性、互动性、扩展性等因素，确保其能够满足教学需求，为学生提供良好的学习体验。

从功能角度来看，优质的虚拟社区平台应具备多样化的交互工具，如在线讨论区、博客、即时通信等，为师生交流、资源分享、协作学习提供便利。讨论区是师生互动的主要场所，教师可以在此发布讨论话题、组织学习活动，引导学生积极参与、表达观点、碰撞思想。博客则为学生提供了一个独立的学习

空间，他们可以在此记录学习心得、反思学习过程、展示学习成果。即时通信工具（如聊天室、视频会议等）则可以实现师生、生生之间的实时互动，增进彼此了解，促进情感交流。

易用性是虚拟社区平台选择的另一个重要考量。优秀的平台应具有友好的用户界面设计，操作简单、直观，符合学生的认知习惯。过于复杂的操作流程会增加学生的认知负荷，降低其使用积极性。因此，平台的布局应清晰合理，各项功能设置一目了然，方便学生快速上手、灵活使用。同时，平台应提供完善的帮助文档和培训支持，为师生提供及时、有效的技术指导，确保教学活动的顺利开展。

互动性是虚拟社区平台发挥作用的核心要素。优质平台应为师生互动提供多种渠道和方式，激发学生参与热情，营造良好的学习氛围。例如，平台可以设置积分、勋章等激励机制，对学生的学习行为进行正向反馈，增强其学习动机；又如，平台可以支持小组协作学习，通过分组讨论、协作任务等方式，促进学生之间的交流与合作，提高其团队意识和协作能力。此外，平台还应提供多样化的互动工具，如投票、问卷、头脑风暴等，为师生互动注入新的活力，提高教学的趣味性和实效性。

扩展性是虚拟社区平台可持续发展的重要保障。伴随教育信息化的不断深入，教学需求呈现出多样化、个性化的特点。优质平台应具有良好的扩展性，能够灵活整合各类教学资源和工具，满足教师的个性化教学需求。例如，平台可以与各种学习管理系统、教学软件实现无缝对接，方便教师进行教学设计和资源管理；又如，平台可以为教师提供二次开发工具，支持其根据教学需要进行个性化定制和功能拓展。平台的开放性还体现在与外部学习资源的联通上。优质平台应积极对接优质教育资源库，为师生提供海量、多样的学习资源，拓宽其学习视野，为其提供更多选择。

（二）虚拟社区教学资源

随着信息技术的飞速发展，传统的课堂教学已经难以满足学生个性化、多样化的学习需求。虚拟社区作为一种新兴的教学平台和资源载体，为英语教学提供了广阔的发展空间。

1. 合理选择虚拟社区平台

目前，国内外已经涌现出众多优秀的虚拟社区平台，如 Moodle、EdmoDo、

Schoology等。这些平台各具特色、功能丰富，能够较好地支持教学活动的开展。教师应根据教学目标、学情特点、技术条件等因素，选择适合本校实际的虚拟社区平台。同时，要注重平台的易用性、交互性和扩展性，确保师生能够便捷、顺畅地开展教学活动。

2. 丰富多样的教学资源

在虚拟社区中，教师可以利用文本、图片、音视频、动画等多种形式，为学生提供丰富、立体的学习材料。一方面，教师要充分挖掘已有的优质教学资源，如国内外著名高校的公开课、权威学术期刊的论文、知名教师的教学设计等，并对其进行二次加工，使之更加契合教学需要。另一方面，教师应根据教学内容和学生特点，自主开发个性化的教学资源，如微课、慕课、电子书等，以满足学生的多样化需求。同时，鼓励学生参与资源的建设和共享，有助于提高其主动性和参与度。

3. 灵活多元的互动方式

与传统课堂相比，虚拟社区能够突破时空限制，实现更加频繁、深入的师生互动和生生互动。教师可以通过视频会议、在线讨论、即时通信等方式，与学生进行同步或异步交流，及时解答疑惑、提供指导。学生之间也能通过小组协作、头脑风暴、角色扮演等活动，加强彼此沟通、相互启发，在交流碰撞中深化对知识的理解。值得注意的是，教师要合理设计互动环节，既要确保互动的针对性和有效性，又要注重师生地位的平等性，营造宽松、愉悦的交流氛围。

（三）虚拟社区互动方式

在线交流工具（如讨论区、博客、聊天室等）为教师和学生搭建跨越时空的沟通桥梁。学生可以随时随地在虚拟社区中提出问题、分享见解，教师也能够及时给予指导和反馈。这种灵活便捷的互动模式，打破了传统课堂教学的局限，让学习变得更加主动和个性化。

同时，虚拟社区为学生提供了广阔的协作学习平台。在讨论区中，学生可以就某个话题展开深入讨论，相互启发，碰撞思想火花。协作式写作工具（如在线文档等），则让学生能够远程协作完成各类英语学习任务，在合作中提升语言运用能力和团队意识。这种支持多人参与的互动方式，营造了浓厚的学习氛围，激发了学生的学习热情。

此外，虚拟社区中的多元化学习资源也极大地丰富了教学互动的内容。教师可以在社区中分享各类英语学习材料，如音频、视频、电子书、网络文章等，拓宽学生的学习视野。学生也可以利用社区平台展示英语学习成果，如上传口语练习录音、写作作品等，在相互评价中取长补短。虚拟社区犹如一个开放的资源库，为师生互动提供了丰富的素材，提升了教学的针对性和实效性。

三、实体班级活动中的合作学习策略

（一）小组讨论法

小组讨论法是实体班级活动中常用的合作学习策略之一。在小组讨论中，学生分成若干组，围绕特定的问题或主题展开探讨和辩论。这一过程不仅能够促进学生对知识的深入理解和灵活运用，更有利于培养其批判性思维、表达沟通等关键能力。

从认知层面来看，小组讨论为学生提供了相互启发、碰撞思想的平台。在讨论过程中，学生需要组织语言阐述自己的观点，倾听他人意见，思考问题的多面性和复杂性。这种互动交流能够激发学生的思维火花，帮助其突破思维定式，从多角度、多层次认识问题的本质。同时，小组成员之间的头脑风暴，往往能产生出独特而富有创造力的思路和解决方案，促进学生开拓性思维的发展。

从技能层面来看，小组讨论为学生提供了锻炼口语表达、人际沟通等软技能的机会。在讨论中，学生需要清晰、有条理地陈述自己的观点，用恰当的言语阐明思想、说服他人。这对培养学生的语言组织能力、逻辑思辨能力都具有重要意义。而倾听他人观点、尊重差异、平等交流，则是小组讨论教给学生的宝贵品格。这些软技能的培养，不仅有利于学生在校期间的人际交往，更能让其受益终身。

从情感态度层面来看，小组讨论有助于营造民主、包容、积极进取的课堂氛围。在讨论中，每名学生都有平等表达观点的权利，也有倾听、理解他人的义务。这种平等互动的过程，能够增进组内成员之间的信任与默契，培养集体荣誉感。同时，建设性的讨论氛围也能激发学生参与的热情，调动其主动性和积极性。久而久之，学生的自信心、表达欲望都能得到提升，为养成终身学习的良好习惯奠定基础。

（二）角色扮演法

在实施角色扮演时，教师要充分发挥引导者和组织者的作用。一方面，教师要为学生提供必要的语言支架和情境背景，如关键词汇、句型等，确保其在已有语言水平的基础上获得新的发展。另一方面，教师要合理分配角色，协调不同小组之间的互动，引导学生开展深度探讨和反思。这就要求教师具备较高的组织管理能力和教学智慧，能够因材施教，激发每一名学生的潜能。

需要指出的是，角色扮演的难度和复杂程度要与学生的语言水平相匹配。对于初级阶段的学生，教师可以设计一些相对简单的日常对话情境，如在餐厅点餐、在商店购物等；而对于高级阶段的学生，可以设计一些更加开放和抽象的任务，如新闻发布会、商务谈判等。总之，角色扮演的内容要能够激发学生的认知冲突，引导其跳出舒适区，挑战自我，实现语言能力的突破。

（三）项目合作法

项目合作法作为一种创新的合作学习策略，在高校英语混合式教学中具有广阔的应用前景。它不仅能够有效融合虚拟社区与实体班级的优势，还能充分调动学生的主体性，培养其英语综合应用能力和团队协作意识。

在项目合作法的实施过程中，教师首先需要根据教学目标和学生特点，精心设计项目任务。一个优秀的项目任务应具有明确的目标、合理的难度和鲜明的实践性，既要与英语课程内容紧密结合，体现语言学习的工具，又要贴近学生的生活实际，激发其学习兴趣。同时，项目任务应体现开放性和挑战性，为学生提供展示个性、发挥创造力的空间。

在项目实施阶段，教师要充分利用虚拟社区平台，为学生搭建信息分享、资源整合、头脑风暴的网络空间。利用在线论坛、博客等在线学习工具，学生可以随时随地进行跨时空的交流与协作，共同探讨项目方案，分享学习心得。这种去中心化的互动模式打破了传统课堂的时空限制，拓宽了学生的知识视野。教师则可以通过平台实时跟进学生的项目进展，提供个性化的指导和反馈，及时发现并解决学习困难。

与此同时，实体班级活动也是项目合作法不可或缺的组成部分。在课堂上，学生通过小组讨论、角色扮演、情景模拟等方式，将在线学习成果转化为实践运用能力。教师可以组织课堂展示和点评环节，引导学生评价项目成果，反思学习过程，加深对语言知识的内化。值得一提的是，实体活动中的面对面交流更有利于培养学生的语言运用能力，如演讲、辩论、即兴表达等。这些能力是网络环境难以充分实现的。

四、虚拟社区与实体班级的互动机制

（一）互动机制的设计

在高校英语混合式教学中，互动机制需要兼顾在线学习平台和面授课堂两个维度，创设多样化的互动情境，调动学生参与的主动性和积极性。

从技术层面来看，互动机制的设计应充分利用信息技术手段，打造灵活、便捷、高效的互动渠道。例如，教师可以通过在线学习平台设置讨论区、聊天室、博客等功能模块，为学生提供随时随地交流互动的空间。同时，教师可以利用微信、QQ等即时通信工具，与学生保持实时联系，及时解答疑问，给予个性化指导。借助这些技术手段，师生、生生之间能够突破时空限制，实现高频率、多层次的互动，有利于营造积极向上的网络学习氛围。

从教学设计层面来看，互动机制应围绕学习任务和教学目标，精心设计互动活动的内容、形式和流程。一方面，教师要根据教学内容的特点，开发具有针对性、挑战性的互动任务，如小组合作项目、案例分析、情景模拟等，引导学生在完成任务的过程中相互协作、共同探究，加深对知识的理解和掌握。另一方面，教师要合理搭配个人互动、小组互动、全班互动等不同形式，增强互动的灵活性和多样性。例如，教师可以在虚拟社区中设置个人反思日志，鼓励学生记录学习心得，分享学习体会；又如，教师可以在面授课堂上组织小组讨论，引导学生交流不同观点，碰撞思想火花。通过丰富互动形式，有助于满足学生差异化的学习需求，提高学习的针对性和实效性。

从情感交流层面来看，互动机制还应注重营造和谐、包容、平等的人际关系，为学生创造良好的情感体验。在虚拟社区中，教师要通过积极回应、适时点评等方式，给予学生及时的情感支持和鼓励，增强其参与互动的信心和热情。同时，教师要积极引导学生尊重差异、包容多样，营造平等、友善的交流氛围，消除学生的心理障碍和抵触情绪。在实体班级中，教师更要充分发挥自身的人格魅力和亲和力，与学生建立良好的师生关系，成为学生交流互动的榜样和促进者。唯有在和谐、温暖的人际氛围中，学生才能敞开心扉，积极表达个人观点，与他人真诚沟通，获得情感的满足和归属感，进而提升互动的质量和效果。

（二）互动工具的使用

互动工具在虚拟社区与实体班级的融合教学中扮演着至关重要的角色。合理选择并有效运用互动工具，能够打破时空限制，拓展教学空间，激发学生学习兴趣，提高教学质量。在众多互动工具中，讨论区、博客、即时通信等工具以其独特的优势脱颖而出，成为混合式教学中的“明星”。

讨论区为师生、生生互动提供了便捷的平台。通过讨论区，教师可以发布讨论主题，引导学生围绕教学内容展开深入探讨；学生则可以畅所欲言，分享观点，碰撞思想。在这一过程中，学生不仅能够加深对知识的理解，更能提升批判性思维和表达沟通能力。与传统课堂相比，讨论区突破了时空界限，让师生互动更加频繁、及时，大大提高了教学效率。同时，讨论区能够记录学习过程，便于教师跟踪学生进步，改进教学策略。

博客是学生表达观点、记录成长的有效载体。在虚拟社区中，每名学生都可以拥有自己的博客空间。通过撰写博文，学生能够反思学习内容，分享心得体会，展示学习成果。教师则可以通过评论、引导，与学生展开深入交流。博客不仅能够增强学生的主体意识和自我表达能力，还能培养其独立思考、勇于创新的品格。此外，优秀博文的示范作用也不容小觑，它能够带动更多学生投入写作，在博客圈形成良性互动。

即时通信工具（如 QQ、微信）为师生互动提供了便捷渠道。通过即时通信，学生能够随时向教师提问、获取帮助；教师则能够及时解答疑惑、提供指导。相比讨论区，即时通信更加灵活、高效，特别适合处理一些紧迫或个性化的问题。此外，即时通信群还能发挥“朋辈教育”的作用。学生之间可以通过群聊分享学习心得，讨论疑难问题，在交流碰撞中共同进步。对教师而言，参与群聊互动也能拉近与学生的距离，营造轻松愉悦的师生关系。

（三）互动效果的评估

互动效果的评估是虚拟社区与实体班级融合模式中不可或缺的一环。它不仅能够检验教学设计的合理性，更能为教学优化提供重要依据。全面、客观、动态地评估师生互动的效果，对于提升高校英语混合式教学质量具有重要意义。

互动效果评估应立足教学目标，兼顾认知、情感、技能等多维度。在认知维度，评估的重点是学生对教学内容的理解和掌握程度。教师可以通过在线测验、讨论问答等方式，及时了解学生的学习状况，发现存在的问题。在情感维度，评估应关注学生的学习兴趣、参与度和满意度。教师可以通过问卷调查、访谈等形式，深入了解学生的学习体验和情感需求。在技能维度，评估应重点考查学生语言运用能力的提升。教师可以设置真实语境下的任务，观察学生在听、说、读、写、译等方面的表现。

互动效果评估还应注重过程性和结果性的结合。过程性评估贯穿教学的全过程，通过持续观察和记录，动态呈现师生互动的状况。这种评估方式有助于教师及时调整教学策略，优化师生互动。而结果性评估侧重于教学结束后对学生学习成果的测评。教师可以综合考虑学生的课堂表现、作业完成情况、考试成绩等，全面评判教学效果。

此外，互动效果评估还应重视学生的主体性和参与性。学生作为教学活动的主体，其感受和反馈对评估结果的可靠性至关重要。教师应积极引导学生参与到评估过程中，鼓励其通过自评、互评等方式，反思自己的学习过程，评价彼此的表现。这不仅能够增强评估的客观性，也有利于培养学生的元认知能力和自主学习意识。

第五章　高校英语混合式教学实践

第一节　高校英语精读课程混合式教学实践

一、精读课程混合式教学内容设计

（一）教学目标设定

教师需要系统梳理教学大纲和教材体系，明确每个教学单元的重难点和内在逻辑关系，在此基础上提炼知识目标、能力目标和情感态度目标。知识目标应涵盖语音、词汇、语法、语篇等语言知识，兼顾语言学习的系统性和完整性；能力目标应突出听、说、读、写、译等语言技能的培养，强调语言运用能力的提升；情感态度目标应注重跨文化交际意识、自主学习能力、批判性思维等的塑造，引导学生形成正确的价值观和良好的学习品质。教学目标的设定还应充分考虑学情，既要体现必要的挑战性，又要兼顾学生的认知基础和接受能力，做到因材施教、循序渐进。

教学目标设定后，教师还需要合理设计教学活动，选择恰当的教学方法，构建科学的评价体系，形成目标、内容、方法、评价的有机统一。在教学实施过程中，教师应及时评估教学效果，根据学生反馈动态调整教学目标和策略，确保教学目标的达成度。同时，教师应引导学生参与教学目标的制订和修订，增强其主体意识和参与感，提高学习的针对性和自觉性。

（二）教学资源整合

从教学内容的角度来看，教学资源的整合需要突破传统教材的局限，广泛吸收优质的英语学习材料。除了课本知识，教师还应引入与教学主题相关的英语文章、音视频、图片等真实语料，为学生提供更加生动、鲜活的学习素材。同时，教师要注重教学内容的时代性和前沿性，及时更新教学资源，引入反映当前社会热点、展现英语国家文化风情的材料，增强教学内容的吸引力和感染力。

从教学媒介的角度来看，教学资源的整合需要充分利用现代信息技术，构建线上线下相结合的立体化教学资源体系。一方面，教师要充分利用网络平台（如慕课、微课、学习 App 等），为学生提供丰富的线上学习资源。学生可以利用碎片化时间开展自主学习，并通过在线测试、互动交流等方式，实时检验学习效果。另一方面，教师要注重线下实践活动的开展，通过英语角、英语演讲比赛、戏剧表演等形式，为学生创设运用语言的真实情境，提高学生的语言运用能力。线上线下资源的有机结合，能够满足学生个性化、多样化的学习需求，提高学生的学习兴趣和主动性。

从学习过程的角度来看，教学资源的整合需要关注学生认知发展的规律，实现课前、课中、课后三个环节的紧密衔接。教师要充分利用现代信息技术，为学生提供教学视频、导学案等预习材料，引导学生提前了解教学主题，初步构建知识框架。在课堂教学环节，教师要精心设计教学活动，创设探究情境，鼓励学生开展小组合作，引导学生在交流互动中加深对知识的理解和内化。在课后学习环节，教师要提供课后练习、拓宽阅读等材料，巩固学生的课堂所学，拓宽学生的知识视野。三个学习环节的有效衔接，能够促进学生英语学科核心素养的形成和发展。

（三）教学活动安排

教师需要精心设计教学活动，合理利用线上线下资源，引导学生主动参与、积极思考，最大限度地激发其学习潜能。在教学活动的设计中，教师应遵循以学生为中心的理念，充分考虑学生的认知特点和学习需求，创设富有挑战性和吸引力的学习情境，鼓励学生开展探究性学习。

具体而言，教师可以采取以下策略来优化精读课程的教学活动安排。其一，在课前阶段，教师可以利用线上平台发布预习任务，引导学生提前了解课文主题，掌握关键词汇和语法结构。同时，教师可以设计一些思考题，激发学生的好奇心和探究欲望。其二，在课中阶段，教师应合理安排线上线下学习时间，灵活运用多种教学方法（如任务型教学法、合作学习法、探究式教学法等），引导学生积极参与课堂活动。在线上环节，教师可以通过直播、录播等形式，重点讲解课文难点，演示阅读策略；在线下环节，教师则可以组织学生开展小组讨论、角色扮演、情景模拟等互动活动，加深对课文内容的理解和内化。其三，在课后阶段，教师应及时布置课后任务，引导学生巩固所学知识，深化课文主题思考。课后任务可以包括写作练习、口语训练、扩展阅读等，旨在提升学生的语言运用能力和增强跨文化交际意识。

值得注意的是，在教学活动设计时，教师还应重视学生的情感体验和价值引领。精读课程不仅要帮助学生学习语言知识，更要培养其人文素养和批判性思维。因此，教师应选取富有教育意义的课文素材，引导学生思考人生价值、文化差异、社会问题等，提升其语言学习的深度和广度。同时，教师应营造民主、包容的课堂氛围，尊重学生的个体差异，鼓励其表达独特见解，培养其自主学习和合作探究的能力。

二、线上线下融合的精读教学模式

（一）线上教学平台选择

线上教学平台应具备丰富的功能，能够满足英语教学的多样化需求。一个理想的平台应包含在线课件制作与发布、实时音视频互动、在线作业与测试、学习数据分析等功能。这些功能可以帮助教师创设生动形象的教学情境，组织灵活多样的教学活动，并及时掌握学生的学习进度与效果。例如，教师可以利用平台的在线课件制作功能，将文本、图片、音频、视频等多媒体元素整合到课件中，生动呈现英语语言知识和文化背景，激发学生的学习兴趣。又如，教师可以通过平台的实时音视频功能，与学生开展在线对话、角色扮演等互动活动，提高学生的语言运用能力。

线上教学平台应具有良好的用户体验，界面设计应简洁明了，操作流程应便捷高效。这一点对于英语学习者尤为重要。复杂的界面设计和烦琐的操作步骤不仅会增加学生的认知负荷，影响学习效率，还可能损害其学习积极性。相比之下，界面简洁、操作便捷的平台更有利于学生专注于语言学习本身，降低使用工具的难度，从而提高学习效果。此外，用户友好的平台设计还能够促进师生之间的交流与互动。当教师和学生都能轻松驾驭平台功能时，他们就更愿意利用平台开展丰富多样的教学活动，增进彼此间的了解与信任，构建和谐的师生关系。

线上教学平台应具备可靠的技术支持和完善的数据保护机制。英语教学对在线音视频传输的流畅性和稳定性有较高要求，这就需要平台具备强大的技术实力，能够提供低延迟、高质量的数据传输服务。同时，教学过程中不可避免地涉及师生的个人信息和学习数据，平台必须具有严格的数据保护机制，确保用户隐私安全。一旦发生数据泄露事件，不仅会影响师生的使用信心，还可能造成严重的负面影响。因此，选择技术可靠、安全性高的教学平台，是保障线上教学顺利开展的必要前提。

（二）线下课堂互动

在线上自主学习的基础上，教师需要精心设计课堂互动环节，引导学生深化对知识的理解，提升语言运用能力。课堂互动的形式可以多种多样，但核心目标都是调动学生参与的积极性，激发其思考和表达的欲望，构建富有成效的师生、生生互动。

小组讨论是课堂互动中最为常见和有效的方式之一。教师可以根据教学内容和学生特点，将学生分成若干小组，布置明确的讨论任务。在小组讨论过程中，学生通过相互启发、集思广益，不仅能够加深对所学知识的理解，还能提升语言表达、团队协作等关键能力。教师应适时参与小组讨论，给予必要的指导和点拨，确保讨论不偏离主题，朝着预设目标推进。

角色扮演也是一种极具创新性和趣味性的课堂互动方式。教师可以设计与教学内容相关的情境，让学生分别扮演不同角色，用英语进行对话和互动。这种沉浸式的语言实践不仅能激发学生的学习兴趣，还能让其在真实语境中感受语言的魅力，提升语言综合运用能力。角色扮演活动需要教师做充分的前期准备，提供必要的语言支持和情境资源，同时要鼓励学生大胆表达、积极尝试。

（三）线上线下资源互补

在互联网时代，网络技术的迅猛发展为英语精读课程的教学提供了广阔空间。教师可以利用丰富的在线资源（如电子书、视频、音频等），为学生创设身临其境的语境，提高其语言学习的兴趣和效率。同时，线上学习平台能够突破时间和空间的限制，让学生根据自己的学习节奏和需求，灵活安排学习时间和内容，实现个性化、自主化的学习。

然而，线上资源的广泛应用并不意味着线下课堂已经失去价值。相反，线下面授仍然是英语精读教学的重要组成部分。在课堂上，教师可以通过面对面的交流和互动，及时解答学生的疑惑，纠正其语言错误，引导其深入理解课文内容。更重要的是，课堂教学有利于培养学生的语言交际能力。通过小组讨论、角色扮演等多种形式的课堂活动，学生能够在真实的语境中运用所学语言知识，提高语言的综合运用能力。

因此，英语精读课程的教学应坚持线上线下相结合的原则，充分发挥两种教学模式的优势和特点。一方面，教师要善于利用网络资源，创新教学内容和方式，激发学生的学习兴趣。例如，教师可以根据教学内容和学生特点，精心挑选或自制微课视频，引导学生在课前完成自主学习；又如，教师可以利用在线测试和评价系统，及时了解学生的学习情况，调整教学策略。另一方面，教师应重视课堂教学的作用，加强与学生的互动交流，创设有利于语言运用的情境。例如，教师可以组织学生开展小组合作学习，引导其用英语交流思想、表达观点；又如，教师可以设计一些开放性的语言任务，鼓励学生发挥想象力和创造力，提高语言运用的灵活性。

三、精读课程中的自主学习与互动策略

（一）自主学习任务设计

在混合式教学中，自主学习任务设计是发挥学生主体性、提高学习效果的关键环节。科学、合理的自主学习任务能够引导学生主动探索知识，培养其自主学习能力和独立思考能力，最终实现由“要我学”向“我要学”的转变。

自主学习任务设计应遵循以下原则：任务难度要适中，既要体现一定的挑战性，又不能超出学生的认知水平。过于简单的任务难以激发学生的学习动机，而过于复杂的任务可能挫伤学生的学习积极性。因此，教师要全面了解学生的学情，根据其知识基础和学习能力来设计任务。任务内容要与教学目标紧密联系，体现课程的核心知识和关键技能。散漫、无目的的任务不仅无助于学生掌握重点内容，还会分散其注意力，影响学习效率。任务形式要多样化，可以包括案例分析、小组讨论、项目研究等，以满足不同学生的学习需求和兴趣爱好。灵活、新颖的任务形式更容易吸引学生的注意力，提高其参与度。任务评价要注重过程性，关注学生在完成任务过程中的表现和进步，同时应及时给予鼓励和反馈，并帮助其调整学习策略。

在具体设计自主学习任务时，教师可以考虑以下策略。一是基于真实语料，选取与学生生活经验相关的素材，如新闻报道、广告标语、影视剧对话等，引导学生在真实语境中学习和运用语言知识。二是突出语言实践，设计口语表达、书面写作等实践性任务，鼓励学生运用所学知识进行语言输出，在实践中巩固

和深化知识理解。三是融入跨文化交际，选取不同文化背景下的语言现象，引导学生比较分析，提高其跨文化交际意识和能力。四是渗透思辨训练，设置开放性问题，鼓励学生多角度思考，表达个人见解，培养其批判性思维能力。

（二）学生互动机制

在混合式教学中，传统的精读课程教学往往以教师讲授为主，学生被动接受知识，缺乏互动和交流的机会。而在混合式教学中，线上线下相结合的学习方式为学生互动提供了更加广阔的空间。教师应充分利用这一优势，精心设计互动环节，激发学生的学习兴趣和参与热情。

从线上学习来看，教师可以通过网络平台组织多样化的互动活动，如在线讨论、协作写作、知识问答等。在讨论区中，教师可以设置开放性问题，鼓励学生分享见解、交流心得。学生通过阅读他人观点，能够开阔思路、启发思考。同时，教师可以适时参与讨论，引导学生深入探究问题的本质，提升其批判性思维能力。在协作写作活动中，学生可以分组完成写作任务，在合作过程中相互启发、取长补短，最终产出高质量的作品。这不仅能够提高学生的写作水平，更能培养其团队协作意识和沟通表达能力。知识问答环节则可以帮助学生及时巩固所学知识，查缺补漏。教师可以定期发布习题，组织学生进行头脑风暴，激发其求知欲望。

从线下学习来看，课堂互动是提升教学效果的关键。教师应根据教学内容和学生特点，灵活运用多种互动方式，如小组讨论、角色扮演、情景模拟等。在小组讨论中，教师可以为学生创设真实语境，引导其用英语进行交流和辩论。学生通过积极表达观点、倾听他人意见，能够深化对知识的理解，提高语言运用能力。角色扮演和情景模拟则可以让学生身临其境地体验语言的魅力，在轻松愉悦的氛围中学习知识、训练技能。教师还可以适时组织学生进行课堂展示，锻炼其口语表达和临场应变能力。

（三）学习反馈与调整

教师应建立完善的学习反馈机制。在线上学习阶段，教师可以利用在线学习平台提供的数据分析功能，全面掌握学生的学习行为和学习效果，如学习时长、学习进度、学习活动参与度、作业完成情况、测验成绩等。通过对这些数据的深入挖掘和分析，教师能够准确把握学生的学习状态，发现学生在自主学习过程中遇到的困难和问题。在线下学习阶段，教师可以通过课堂观察、提问、小组讨论、随堂测验等方式，直接了解学生对知识的掌握程度和学习体验。同时，教师可以利用在线问卷、访谈、反思日志等方式，收集学生对课程设计、教学方法、学习支持等方面的反馈意见和建议。这些多元化的反馈渠道，为教师全面了解学生的学习需求提供了重要依据。

教师应根据学生的反馈信息，对教学内容和教学策略进行及时调整。一方面，教师可以根据学生的学习难点和重点，有针对性地补充和完善教学内容。例如，对于学生普遍感到困难的语法知识点，教师可以提供更多的例句和练习，帮助学生加深理解和巩固运用；对于学生感兴趣的话题和材料，教师可以适当增加相关的阅读和听力材料，激发学生的学习动机。另一方面，教师可以根据学生的学习风格和认知特点，灵活调整教学策略和方法。例如，对于偏好视觉学习的学生，教师可以提供更多的图片、视频、思维导图等直观的学习资源；对于偏好动手操作的学生，教师可以设计更多的任务型活动，如情景对话、角色扮演、项目策划等，让学生在实践中学习和运用语言知识。

教师还应注重学习反馈的个性化和差异化。混合式教学的一大优势在于，它能够更好地满足学生个性化、差异化的学习需求。教师应充分利用在线学习平台的智能化功能，为不同水平、不同风格的学生提供个性化的学习资源和学习路径。例如，对于基础薄弱的学生，教师可以推送更多的微课视频和练习题，帮助其夯实语言基础；对于学有余力的学生，教师可以提供更具挑战性的任务和项目，引导其进一步拓展和深化学习。在课堂教学中，教师也应根据学生的反馈表现，对不同学生采取差异化的指导和评价方式。对于学习较为被动的学生，教师可以给予更多的鼓励和支持，帮助其建立学习信心；对于学习较为主动的学生，教师可以给予更高的期望和要求，激励其不断进步和提高。

第二节　高校英语口语混合式教学实践

一、口语课程的混合式学习环境构建

（一）学习环境设计原则

教师在设计混合式口语教学环境时，应当遵循以下原则。

1. 教学环境设计应以学生为中心

教师要充分考虑学生的认知特点、学习需求和个体差异，为其营造轻松愉悦、富有吸引力的学习氛围。例如，教师可以利用多媒体技术创设逼真的语境，激发学生口语交际的兴趣；又如，教师可以提供难度梯度的学习任务，满足不同水平学生的发展需要。学生作为学习的主体，其获得感和参与感是衡量教学环境设计成败的关键标准。

2. 教学环境设计应强调线上线下的有机融合

混合式教学的优势在于打破时空限制，拓展学习时间和空间。教师要统筹考虑线上线下资源，既注重发挥面授教学的直接性和交互性，又善于利用网络平台的开放性和共享性。例如，教师可以在课堂上组织面对面的口语训练活动，巩固学生的语言技能；课后则通过在线学习社区延伸口语练习，拓展学生的语言应用能力。线上线下教学环境的无缝对接，能够最大限度地发挥混合式学习的效能。

3. 教学环境设计应注重资源的优化整合

口语学习需要大量的素材支撑，如音视频材料、情境对话、文化背景知识等。教师要进行资源的二次开发和创新应用，提升资源的适切性和实效性。一方面，教师可以选用体现真实语言应用的素材（如 TED 演讲等），帮助学生了解地道表达；另一方面，教师要因材施教，根据教学内容和学情设计个性化资源，提高学习的针对性。此外，教师还应引导学生利用网络资源自主学习，培养其资源整合和学习迁移的能力。

（二）资源配置与管理

资源配置与管理是高校英语口语课程混合式教学中的关键环节。它是指教师合理调配和利用各种教学资源，为学生创设良好的学习环境，支撑教学目标的实现。在混合式教学中，资源配置不仅包括传统的教材、课件等，更涵盖了丰富多样的在线学习资源。教师需要根据教学内容和学生特点，有针对性地选择、开发和整合各类资源，构建起科学、有效的资源体系。

教师应当重视优质教学资源的遴选与开发。面对网络上浩如烟海的学习资源，教师要甄别其适用性和权威性，选取与教学目标、教学内容相契合的部分。

对于口语教学而言，教师可以选择或自主开发一些情境对话、角色扮演等实践性较强的学习任务，激发学生开口交流、应用语言的兴趣。同时，教师应关注前沿学术资讯和优秀教学案例，适时更新和优化教学资源，以满足学生不断发展的学习需求。

教学资源的合理配置和管理对于混合式教学的有序开展至关重要。教师要在线上线下两个教学空间中统筹安排各类资源，做到有的放矢、协调配合。例如，可以将知识讲解类的资源布置在线上平台，引导学生课前自主学习；而将讨论交流、实践操作等资源融入线下课堂，强化学生的参与感和获得感。在资源管理上，教师应做好分类标引、及时更新等工作，便于学生检索、使用。同时，要加强资源使用的监测和反馈，根据数据分析优化资源配置，提高教学针对性。

鼓励学生参与资源建设，有助于增强其学习自主性。教师可以引导学生根据自身学习需求，自主搜集、筛选和加工各类学习资源。学生在参与资源建设的过程中，不仅能够找到适合自己的学习材料，更能提升信息素养、自主学习能力。教师还可以开设资源共享专区，鼓励学生分享优质资源、交流学习心得，在集体智慧中实现教学资源的不断完善和更新。

（三）学习环境评估

随着信息技术的迅猛发展和教育理念的不断更新，传统的教学环境评估模式已难以满足混合式教学的需求。因此，深化学习环境评估改革，构建科学、系统的评估体系，已成为提升混合式教学质量的重要举措。

混合式教学学习环境的评估应立足于教学实践，关注学生的实际学习体验。评估不应局限于硬件设施、教学资源等外部条件，更要着眼于学习过程的内在规律。教师应深入分析学生在线上线下学习中的行为模式、认知特点，准确把握其学习需求和困难，据此优化教学设计，改进教学方法。同时，评估应重视学生的情感体验和社会互动，关注学习环境对学生心理健康、人际关系的影响。只有全面考量学习环境的多重维度，才能真正发挥评估的诊断和改进功能。

构建多元化的评估指标体系是开展学习环境评估的基础。评估指标应涵盖学习环境的各个方面，如教学资源的丰富性和适切性、教学活动的互动性和参与度、学习支持服务的便捷性和有效性等。在指标设计中，既要考虑一般性原则（如科学性、客观性、简明性），又要兼顾混合式教学的特殊要求，突出线上线下融合的理念。此外，指标体系还应具有一定的弹性和开放性，能够随着教学实践的深入而不断修正完善。唯有建立起系统化、动态化的评估指标，学习环境评估才能发挥应有的引领和促进作用。

二、线上线下融合的口语训练模式

（一）线上训练工具选择

一个理想的线上口语训练工具应具备以下特点。其一，可以提供丰富、真实的语言材料，如日常对话、演讲、辩论等，让学生置身接近真实的语言环境中。这些材料应涵盖不同主题、场合和语体风格，体现语言使用的多样性。其二，线上口语训练工具应具有智能化的语音识别和反馈功能。通过先进的语音识别技术，系统可以准确捕捉学生的语音输入，并给出及时、详尽的反馈，如语音的准确度、流畅度、语调语速等。这种实时反馈有助于学生及时发现并纠正自己的语音问题。其三，优秀的线上口语训练工具应提供个性化的学习路径。系统可以根据学生的语音表现和学习需求，自动推荐合适的学习内容和训练任务，实现因材施教。这种个性化的学习路径能够最大限度地提高学习效率。

此外，线上口语训练工具还应重视互动性和趣味性。单纯的语音训练容易让学生感到枯燥乏味，降低学习兴趣。因此，设计师应开发各种互动性强、寓教于乐的训练活动，如角色扮演、情景模拟、游戏闯关等，调动学生的积极性。同时，训练工具可以引入竞赛、排名等机制，激发学生的竞争意识和上进心。

（二）线下训练活动设计

线下口语训练活动是实施高校英语混合式教学的重要环节，它为学生提供了真实的语言交际情境，有助于提升其口语交际能力。在设计线下口语训练活动时，教师应遵循以下原则。

线下口语训练要突出学生的主体地位，充分尊重学生的个体差异和学习需求。教师不应过多干预学生的表达，而应创设宽松、愉悦的学习氛围，鼓励学生大胆表达、积极互动。通过启发诱导、适时点拨，引导学生在交流中不断修正语言表达，逐步提高口语水平。

线下口语训练活动要紧密结合线上学习内容，做到线上线下有机融合、相互促进。教师应根据线上学习平台所提供的语言材料和话题，精心设计口语训练任务，引导学生在实践中内化所学知识，提升语言运用能力。例如，针对线上学习的某个话题，教师可组织小组讨论、角色扮演等活动，让学生在多样化的语境中练习口语表达，逐步提高语言运用的复杂性和准确性。

线下口语训练活动应注重情境创设和任务驱动。教师可根据教学内容，设计贴近学生生活实际的交际情境，如校园生活、社交活动、文化交流等，激发学生的表达欲望。同时，口语训练任务应具有一定的开放性和挑战性，引导学生运用所学语言知识，创造性地完成交际任务。这不仅能增强学生的参与感和成就感，更能促进其批判性思维和跨文化交际能力的培养。此外，教师还应注重口语训练活动的反馈与评价。通过录音、录像等方式，及时记录学生的口语表现，进行针对性的点评和指导。评价不应局限于语言形式的正确性，更要关注学生在交际中的语用恰当性、互动效果等。教师可引导学生进行自评和互评，培养其自主学习和反思能力。

（三）线上线下互动策略

从教学内容呈现的角度来看，教师可以利用多媒体技术，将线下教学中的板书、讲解等以视频、音频、动画等形式呈现在线上平台，供学生随时随地学习。同时，教师可以利用在线测试、投票等功能，及时了解学生对教学内容的掌握情况，并根据反馈信息优化教学设计。在互动环节，教师可以通过开设在线讨论区、分组研讨等方式，引导学生就教学内容展开深入探讨，促进思维的碰撞和知识的共建。通过设置开放性问题、组织头脑风暴等活动，教师还可以激发学生的创新思维，培养其批判性思维和问题解决能力。

从教学活动组织的角度来看，教师可以灵活选择同步或异步的互动方式，满足不同学生的学习需求。对于一些重难点内容，教师可以通过在线直播、视频会议等同步互动方式，与学生实时交流，解答疑惑。而对于一些相对简单的内容，教师则可以采用异步互动方式，如设置在线讨论主题、布置研究性学习任务等，让学生自主安排学习节奏，并通过在线平台与教师、同伴分享学习心得。在互动过程中，教师还应注重引导学生进行小组协作，通过分工合作、集体讨论等方式，提高学生的团队意识和合作能力。

三、口语课程中的合作学习与角色扮演

（一）合作学习的组织形式

小组成员的角色分工是合作学习得以顺利开展的前提。教师应根据学生的英

语水平、个性特点等因素，将其分为若干个异质小组，每组 4～6 人为宜。在小组内部，教师可以为学生分配不同的角色，如组长、记录员、报告员等。组长负责协调小组成员之间的分工合作；记录员负责记录小组讨论的要点；报告员负责向全班汇报小组的学习成果。通过明确的角色分工，学生能够更好地参与到合作学习中，发挥自己的优势，同时能锻炼领导、总结概括等多方面能力。

小组间的积极互动是保证合作学习质量的关键。在口语课堂上，教师应为小组间的交流提供平台和机会。例如，教师可以组织小组间的辩论赛，让学生就某个话题发表自己的看法，并与其他小组展开讨论。在这个过程中，学生不仅能够锻炼自己的口语表达能力，还能学会倾听他人意见、评判论据的可靠性。另外，教师可以设计一些需要小组间合作完成的任务，如情景剧表演。小组成员可以分别扮演不同的角色，共同编写剧本、设计道具，最后在全班同学面前展示自己的表演成果。这些互动环节不仅能够活跃课堂气氛，调动学生学习的积极性，更能拓宽学生的文化视野，提高其跨文化交际能力。

合理的任务难度设置是激发学生合作学习动机的有力手段。在口语课堂上，教师应根据学生的实际英语水平，为其提供具有一定挑战性但又不会过于困难的学习任务。例如，在学习“求职面试”这一话题时，教师可以首先带领学生分析求职面试的基本流程和技巧，然后要求各小组自行搜集相关资料，撰写模拟面试的对话，并在课堂上进行角色扮演。这个任务对学生来说既有一定的难度，需要其运用所学知识分析问题、解决问题，又能在小组合作中得到队友的帮助和支持，最终较好地完成任务。适度的任务难度不仅能够调动学生的主动性和创造性，更能培养其独立思考、团队协作的能力。

（二）角色扮演的实施步骤

教师应根据教学内容和学生特点，精心设计角色扮演的主题和场景。选择的主题应贴近学生生活，富有时代感和吸引力，激发学生参与的兴趣。场景设置要具有真实性和多样性，为学生提供丰富的语言实践机会。同时，教师要为不同语言水平的学生提供相应难度的角色，既要有挑战性，又要避免过大的认知负荷。

教师要向学生明确角色扮演活动的目标和要求。学生需要了解自己扮演的角色特点，掌握与之相关的语言表达和文化背景知识。教师可以提供角色卡片、情景提示等辅助材料，帮助学生快速进入角色。在活动过程中，教师要鼓励学生打破思维定式，创造性地使用语言，表达自己的观点和情感。

教师要为学生提供充足的准备时间和指导。角色扮演不是即兴表演，学生需要有充分的时间熟悉角色，准备相关的语言材料。教师可以引导学生查阅资料，归纳总结与主题相关的词汇、句型和文化知识。在准备阶段，教师还要组织学生进行分组讨论，互相启发，集思广益，提高语言输出的质量。

然后，教师要为学生营造轻松愉悦的表演氛围。角色扮演活动应在相对自由、无拘无束的环境中进行，学生无须担心语言表达的准确性和流利性。教师要多给予鼓励和支持，帮助学生克服心理障碍，积极投入表演。在表演过程中，教师可适时参与其中，扮演配角，与学生形成良性互动，提升活动的趣味性和吸引力。

教师要引导学生对角色扮演活动进行反思和评价。可通过录音、录像等方式记录学生的表现，供其自我评估和反思。教师要客观公正地评价每名学生的语言表达和情感投入，既肯定优点，也指出不足，帮助其找准提升的方向。同时，教师要鼓励学生相互评价，学习他人的优秀表现，共同进步。

（三）合作学习与角色扮演的效果评估

在实施过程中，教师应根据教学目标和学生特点，精心设计合作学习活动和角色扮演任务，为学生创设真实的语境，激发其学习兴趣和参与热情。同时，教师应加强过程指导和及时反馈，引导学生积极思考、主动表达，在互动交流中提升语言运用能力。

在合作学习活动中，教师可以采取异质分组的方式，将口语水平不同的学生组合在一起，让他们在完成共同任务的过程中相互启发、共同进步。例如，教师可以设计一个“校园生活”的主题，要求小组成员共同编写对话，并进行角色扮演。在准备过程中，学生需要明确分工，讨论情节设置、人物关系、语言表达等，这不仅锻炼了其语言交际能力，也提升了团队协作意识。在角色扮演环节，学生则要根据自己的角色设定，运用恰当的语言表达、肢体语言和情感态度，展现真实的交际情境。这种沉浸式的体验能够帮助学生突破心理障碍，提高口语表达的自信心和流利度。

在设计合作学习与角色扮演活动时，教师还应注重情境的真实性和任务的开放性。情境越贴近学生的生活实际，任务越富有挑战性，学生的参与热情就越高，学习效果也就越好。例如，教师可以设计一个“旅游计划”的任务，要求学生分组讨论旅游路线、交通方式、住宿安排等，并通过角色扮演模拟导游、游客之间的对话。这种任务不仅贴近学生的生活经验，也为其提供了展示口语能力的平台。在完成任务的过程中，学生不仅能够习得旅游相关的词汇、句型，还能够提升逻辑思辨、快速反应等高阶思维能力。

四、口语课程混合式教学的技术创新与应用

（一）新兴技术在口语教学中的应用

随着人工智能、大数据、虚拟现实等技术的飞速发展，传统的口语教学模式已经难以满足数字化时代学生的学习需求。将新兴技术与口语教学深度融合，不仅能够突破时空限制，为学生提供沉浸式、个性化的学习体验，更能激发学生的学习兴趣，培养其语言交际能力和跨文化交际意识。

智能语音识别和自然语言处理技术的应用，为口语教学注入了新的活力。通过智能语音识别系统，学生的口语表达可以得到实时的评估和反馈，教师也能够更加精准地诊断学生的发音和语法错误，有针对性地进行纠正和指导。自然语言处理技术则可以帮助学生更好地理解语言的语义和语用，提高其语言理解能力。例如，教师可以利用自然语言处理技术开发智能对话系统，为学生创设逼真的语言交流情境，使其在对话中学习语言知识，提高语言运用能力。

虚拟现实和增强现实技术为口语教学提供了身临其境的学习场景。通过虚拟现实技术，学生可以“走进”目标语言国家的街道、商店、博物馆等场景，与虚拟人物进行交流互动，获得沉浸式的语言学习体验。增强现实技术则可以将虚拟信息与现实场景无缝融合，为学生创造生动、立体的学习情境。例如，教师可以利用增强现实技术开发情景式口语学习 App，学生通过手机扫描现实场景中的物品，即可获取相关的语言信息和学习资源，在现实交流中学以致用。

大数据和学习分析技术的运用，为口语教学提供了精准化、个性化的指导。通过收集和分析学生的学习行为数据，教师可以全面把握学生的学习特点和需求，为其提供个性化的学习资源和指导服务。同时，学习分析技术可以帮助教师优化教学策略，调整教学进度和难度，实现教学的精准化和高效化。例如，教师可以根据学生的口语表现数据，为其推送难度适宜的语音材料和练习任务，并根据其完成情况动态调整教学计划，以适应学生的学习节奏。

（二）技术创新对教学效果的影响

从教学资源的构建来看，技术创新大大拓宽了口语教学的素材来源。教师可以利用网络平台，搜集、整理、制作各种类型的音视频材料，如英语电影、

电视剧、新闻报道、演讲视频等，为学生提供真实、丰富的语言输入。这些材料不仅能够帮助学生了解英语国家的文化风俗，感受地道的语言表达，更能激发其模仿和运用的欲望。同时，教师可以借助多媒体技术，将文本、图像、音频、视频等多种形式的资源进行整合，制作成生动、直观的教学课件，吸引学生的注意力，加深其对知识点的理解和记忆。

从教学过程的设计来看，技术创新为口语训练提供了更加灵活、多样的实现途径。在传统的口语课堂上，学生的语言操练机会较为有限，教师难以对每名学生的表现进行及时的评价和反馈。而通过引入语音识别、自动评分等智能化技术，学生可以在线上平台反复练习口语，获得即时的评估结果和个性化的学习建议。教师也可以利用大数据分析，精准把握学生的学习状况和进步情况，有针对性地调整教学策略。此外，借助网络通信工具，教师可以打破时空限制，为学生提供更多的口语交流机会，如在线英语角、跨文化交际项目等，让学生在真实的语境中运用所学知识，提高语言运用能力。

从学习效果的评估来看，技术创新为口语能力的测试提供了更加科学、全面的手段。传统的口语考试往往受到时间、地点、考官等因素的限制，难以对学生的口语表现进行系统的评价。而借助计算机化考试系统，可以实现口语测试的自动化和规模化，学生可以在线上完成口语录音、评分、反馈等环节，获得更加客观、准确的评估结果。同时，通过对学生口语表现数据的挖掘和分析，教师可以发现学生在语音、语调、语法、词汇等方面的薄弱环节，进而有目标地强化训练，促进其口语能力的提升。

第三节　人工智能与大数据在高校英语混合式教学中的应用

一、人工智能在英语教学中的辅助作用

（一）智能翻译工具

智能翻译工具的出现和不断发展，为英语教学和学习提供了强有力的辅助。它们不仅能够帮助学生快速、准确地理解英文材料，还能够帮助教师优化教学设计、创新教学方法。在教学过程中合理运用智能翻译工具，有助于提高教学

效率，促进学生英语学习能力的提升。

智能翻译工具最显著的优势在于便捷性和实时性。学生在阅读英文文献、撰写英文论文时，遇到生词或难以理解的句型，只需利用智能翻译工具，即可快速获得较为准确的翻译结果。这大大降低了语言障碍，使学生能够更加专注于对内容的理解和思考。同时，智能翻译工具能够帮助学生检查英文写作中的语法、用词是否恰当，从而提高自身的书面表达能力。对于教师而言，智能翻译工具可以辅助其设计教学内容，尤其是在选取阅读材料、编写练习题目等方面。教师可以利用智能翻译工具快速筛选出难度适中、内容相关的优质英文材料，并根据翻译结果调整教学重点和难点。此外，教师还可以利用智能翻译工具对学生的翻译作业进行批改和反馈，既提高了批改效率，也能够针对学生的薄弱环节给出恰到好处的指导。

（二）语音识别技术

在语音输入方面，语音识别技术可以将学生的口语表达实时转化为文本，大大提高了学习效率。学生不需要在输入上花费大量时间和精力，而是可以专注于语言表达本身。同时，语音输入能够克服学生书写能力的局限，使其更自信地参与到口语交流中来。

语音评测是语音识别技术在英语教学中的另一大应用。通过对学生朗读音频进行实时分析，语音评测系统可以精准定位学生在发音、语调、流利度等方面的问题，并提供针对性的反馈和建议。这种即时、客观的评估方式不仅能够帮助学生及时发现并纠正错误，更能激发其自主学习、持续改进的动力。

在口语交互环节，语音识别技术正在创造更加真实、自然的学习情境。借助智能对话系统，学生可以与“虚拟英语老师”进行语音问答、角色扮演等多种形式的口语练习。在这个过程中，学生不仅能够获得语言知识和技能的训练，更能培养语言交际的意识和能力。

语音识别技术的应用极大地拓展了英语教学的时空边界。学生可以利用碎片化时间，随时随地进行口语练习；教师也可以跳脱出课堂的局限，为学生提供更加丰富、灵活的学习资源。这种泛在化、个性化的学习方式，更加符合当代学生的认知特点和学习需求。

（三）自适应学习系统

自适应学习系统是一种基于人工智能和大数据技术的智能教学平台，它能够根据学生的个体差异和学习需求，动态调整教学内容、学习路径和呈现方式，为每名学生提供个性化、精准化的学习体验。在高校英语教学中引入自适应学习系统，有助于突破传统教学模式的局限，实现因材施教、因需施教的教学理念，提升教学质量和学习效果。

从学习内容的适应性来看，自适应学习系统能够根据学生的英语水平、学习风格、认知特点等，自动推送与其相匹配的学习资源。例如，对于基础薄弱的学生，系统会推荐更多的语法解析、词汇练习等基础性内容；而对于水平较高的学生，系统则会提供更多的阅读理解、写作训练等高阶任务。这种因材施教的方式不仅能够满足不同学生的学习需求，也能够调动其学习积极性，激发其学习潜力。

从学习路径的适应性来看，自适应学习系统能够根据学生的学习行为和效果数据，动态优化其学习路径。当学生在某个知识点上出现掌握障碍时，系统会自动增加该知识点的练习量和复习频率；当学生在某个单元的学习中表现出色时，系统会适当减少重复训练，引导其尽快进入下一单元的学习。这种数据驱动的学习路径规划方式，能够帮助学生更高效、更精准地掌握英语知识和技能。

从学习反馈的适应性来看，自适应学习系统能够基于学生的错误类型、掌握程度等，提供个性化的答疑解惑和学习指导。例如，当学生在完形填空练习中出现错误时，系统不仅会指出错误所在，还会针对其错误类型给出详细的解析和纠正建议。这种即时、精准的反馈能够帮助学生及时发现并改正错误，强化其薄弱环节，不断提升学习效果。

二、大数据在英语学习分析中的应用

（一）学习行为数据分析

随着信息技术的迅猛发展，教育领域积累了海量的学习行为数据。这些数据蕴含着学生学习过程的宝贵信息，对于深入理解学习规律、优化教学策略具有重要价值。通过对学习行为数据进行采集、清洗、整合和挖掘，教师能够洞察学生的学习特点、认知模式和知识掌握情况，从而为个性化教学和精准化教学提供数据支撑。

学习行为数据分析的首要任务是构建科学、完善的数据采集机制。传统的英语教学主要依赖课堂观察和作业批改等方式获取学生学习信息，这些方式往往存在片面性和滞后性的局限。而在线学习平台的兴起为学习行为数据的采集提供了新的途径。通过在线学习系统，教师能够全面、即时地记录学生的学习轨迹，包括学习时长、学习频率、学习资源的使用情况等。同时，借助智能化的数据采集工具，教师能够获取学生在学习过程中的眼动、手势、表情等多模态数据，这为深入分析学生的认知过程和情感状态提供了可能。

在数据采集的基础上，学习行为数据分析还需要对原始数据进行清洗和整合。由于数据来源的多样性和采集过程的复杂性，原始数据往往存在冗余、噪声和不一致等问题。因此，教师需要运用数据挖掘、机器学习等技术，对原始数据进行预处理和特征工程，提取出与学习行为分析密切相关的关键特征。例如，通过对学生在线学习行为的时序数据进行切片和聚类，教师能够识别不同学生的学习节奏和学习习惯；通过对学生在学习资源上的停留时间和交互行为进行统计和对比，教师能够判断学生对不同知识点的掌握程度和兴趣偏好。

学习行为数据分析的核心在于挖掘数据背后隐藏的模式和规律。传统的英语教学往往以教师的经验和直觉为主导，难以全面、精准地把握学生的学习特点。而基于大数据的学习行为分析能够从宏观和微观两个层面，揭示学生学习过程中的内在规律。在宏观层面，通过对全体学生学习行为数据的综合分析，教师能够发现影响学习效果的关键因素，如学习投入时间、学习资源的质量、师生互动的频率等，进而优化教学资源配置和教学组织形式。在微观层面，通过对每名学生的学习行为数据进行个性化分析，教师能够精准刻画其知识掌握情况、能力发展水平和学习风格特点，从而为其提供有针对性的学习反馈和指导。

（二）学习效果评估

基于大数据的学习效果评估，首先体现在对学生学习行为的全面采集和分析上。通过追踪学生在英语学习平台上的各项行为数据，如学习时长、学习频率、练习完成情况、互动参与度等，可以动态监测学生的学习进度和投入程度。这些数据能够帮助教师及时发现学生学习中的问题，进而有针对性地进行干预和指导。同时，通过对不同学生学习行为的横向对比，能够识别出学习效果的影响因素，为优化教学策略提供依据。

大数据技术可以实现对学生多维度能力的综合评估。传统的英语考试往往偏重考查语法、词汇等知识性内容，难以全面反映学生的语言运用能力。而在英语混合式教学中，大数据可以整合学生在听、说、读、写、译等各方面的表现数据，构建起覆盖语言知识、语言技能、跨文化交际、学习策略等多维度的能力画像。通过对这一能力画像的纵向追踪和横向比较，可以科学评估学生的语言综合运用水平，发现学生在不同能力维度上的强项和弱项，从而为后续的个性化教学提供针对性建议。

大数据还为实现过程性评价和形成性评价提供了有力支撑。相比期末考试的结果性评价，过程性评价和形成性评价更加关注学生在学习过程中的表现和进步。通过持续采集学生在英语学习各环节的数据，教师可以动态掌握学生知识掌握和能力发展的情况。在此基础上，教师可以适时给予学生反馈和指导，帮助其及时调整学习策略，克服学习困难。这种及时的、个性化的反馈，对于保持学生学习动力、提升学习效果具有重要意义。

（三）个性化学习路径推荐

个性化学习路径推荐的核心在于建立科学、完善的学生画像。通过收集学生的学习轨迹数据，如学习时长、学习频率、练习得分、知识点掌握情况等，可以多维度、动态地刻画学生的学习特征。在此基础上，运用机器学习、深度学习等算法，对学生的学习能力、知识结构进行精准诊断，识别其学习过程中的优势和短板。这为后续推荐个性化学习路径提供了可靠依据。

个性化学习路径推荐的另一关键在于构建合理、系统的知识图谱。知识图谱能够揭示各知识点之间的内在联系，明确学科核心概念和关键能力。基于知识图谱，可以设计出循序渐进、环环相扣的学习路径，引导学生有序地掌握知识体系。同时，知识图谱能够智能化地推荐学习资源，为学生提供与其能力水平相匹配、与其学习风格相契合的课程、习题和案例，最大限度地发挥学习资源的效用。

个性化学习路径推荐还应注重培养学生的元认知能力和自主学习能力。在推荐学习路径的同时，系统可以适时给予学生反馈和指导，帮助其及时调整学习策略，养成良好的学习习惯。比如，当检测到学生在某一知识点上出现反复错误时，系统可以主动推送微课、例题等针对性资源，引导学生查漏补缺；当发现学生学习动机低下时，系统可以通过趣味化的学习任务、激励性的评价机制来提升其学习兴趣。久而久之，学生不仅能够掌握扎实的学科知识，还能形成自我监控、自我调节的学习能力，为未来的可持续发展奠定基础。

三、智能化教学平台在高校英语中的实践

（一）在线学习平台

在线学习打破了时空限制，为学生提供了更加灵活、个性化的学习体验。学生可以根据自己的学习需求和节奏，随时随地访问优质的教育资源，开展自主学习。同时，在线学习平台集成了丰富的互动功能，如在线讨论、小组协作、实时反馈等，促进了师生、生生之间的交流与协作，营造了良好的学习氛围。

高校英语教学应积极拥抱在线学习的趋势，将其与传统课堂教学有机融合，构建“线上＋线下”的混合式教学。教师可以利用在线平台发布教学资源，布置预习任务，引导学生提前了解教学内容，为课堂教学做好准备。同时，教师可以通过在线平台开展各种形式的教学活动，如在线测试、主题讨论、案例分析等，增强学生的参与度和互动性。课后，学生可以通过在线平台完成作业，参与延伸学习，巩固和拓展课堂所学知识。教师也可以利用平台的数据分析功能，及时跟踪学生的学习情况，提供个性化的指导和反馈。

此外，在线学习平台还为实现个性化教学提供了有力支撑。传统的课堂教学往往采用“一刀切”的教学模式，难以兼顾学生的个体差异。而在线学习平台可以根据学生的学习需求、认知风格、知识基础等因素，为其提供个性化的学习路径和资源推荐。学生可以根据自己的特点和节奏，选择适合自己的学习内容和方式，实现个性化学习。教师也可以利用平台的智能化工具，如自适应学习系统、学情分析系统等，精准把握学生的学习状态，及时调整教学策略，提供有针对性的指导。

（二）虚拟课堂技术

从教学内容的选择和呈现来看，虚拟课堂为英语教学提供了更加广阔的空间。教师不再局限于教材和课本，而是可以引入各种真实语料和案例，如英语电影、美剧、新闻报道等，让学生在真实的语境中感受和理解语言的奥妙。此外，教师还可以根据学生的兴趣和需求，开发针对性强的微课程和学习任务，实现教学内容的个性化定制。这种多元化、开放性的教学内容不仅能够提高学生的学习积极性，更有利于其语言综合运用能力的提升。

从教学过程的组织和实施来看，虚拟课堂为英语教学注入了新的活力。在

线学习平台的应用使得教学活动突破了课堂的界限，学生可以随时随地进行自主学习和探究。同时，教师可以利用大数据技术实时跟踪学生的学习行为和效果，及时调整教学策略和进度。在虚拟课堂中，师生互动更加频繁和深入，学生可以通过在线讨论、合作探究等方式积极参与到教学过程中，展现自己的语言才能和创新思维。这种以学生为中心的教学模式不仅提高了教学的针对性和实效性，更激发了学生的学习潜能。

虚拟课堂技术的应用也对教师的角色定位和能力素养提出了新的要求。在信息化时代，教师不再是知识的唯一传授者，而是学生学习的引导者、促进者和合作者。这就要求教师具备扎实的学科专业知识、娴熟的信息技术应用能力，以及开放包容的教育理念。只有与时俱进地更新教学观念、提升教学能力，教师才能在虚拟课堂中激发学生的学习热情，引领其迈向更高的语言境界。

（三）智能作业批改系统

智能作业批改系统的核心是自然语言处理技术。通过对大量优秀英语作文的学习和训练，系统掌握了英语语法、词汇、语篇结构等方面的知识，形成了对英语写作的理解和判断能力。在实际应用中，智能作业批改系统会对学生提交的英语作业进行多维度的分析和评估，包括语法错误检查、词汇使用评价、句式结构分析、语篇逻辑评判等。系统不仅能够精准地识别学生写作中的错误和不足，还能给出针对性的修改建议，帮助学生改进写作技巧。

除了语言要素的评判，智能作业批改系统还能够对作文的内容、思路进行智能化的理解和评价。借助知识图谱和语义分析技术，系统可以把握作文的中心思想，分析论证的逻辑性和充分性，评估论点论据的相关性和原创性。这种内容层面的反馈对于提升学生的写作能力、批判性思维和创新意识有着重要意义。

在高校英语教学实践中，智能作业批改系统发挥着越来越重要的作用。一方面，它为教师提供了高效、精准的作业批改工具，使教师从繁重的批改任务中解放出来，有更多精力投入到教学设计、学生指导等更有价值的工作中。另一方面，智能作业批改系统为学生提供了即时、多维度的写作反馈，使其能够及时发现并改正错误，不断改进写作水平。此外，智能批改结果的累积还为教师提供了学生学情分析的数据支持，有助于因材施教和教学优化。

四、人工智能与大数据带来的教学创新

（一）教学模式创新

智慧教学模式的核心在于实现教与学方式的变革。在教师教学方面，人工智能技术可以辅助教师进行教学设计和资源建设。例如，智能教案设计系统能够根据教学目标、学情分析等要素，快速生成个性化的教学方案，大大提高备课效率。知识图谱和语义分析技术则可以帮助教师梳理教材内容，挖掘知识点间的内在联系，优化教学内容的组织和呈现。大数据技术还能够支持教师实施精准教学。通过采集和分析学生的学习行为数据，教师可以洞察每名学生的学习特点和难点，从而有针对性地进行个性化辅导和干预。此外，人工智能还能够为教师答疑解惑、批改作业提供智能助手，让教师从繁重的重复性工作中解放出来，将更多精力投入到教学创新和学生发展上。

在学生学习方面，智慧教学模式为学生提供了自适应、个性化的学习体验。借助智能推荐算法，学习平台可以根据学生的学习风格、知识基础、学习进度等因素，智能推送最适合的学习资源，实现因材施教。在智能导学系统的引领下，学生可以根据自己的节奏安排学习任务，并随时获得针对性的学习指导和反馈。人机交互技术的进步也使得沉浸式学习成为可能。学生可以通过虚拟现实、增强现实等技术与虚拟教学助理进行自然交互，获得身临其境的学习体验。同时，学习过程中产生的各项数据也能实时反馈给学生，帮助他们客观认识自己的学习状态，调整优化学习策略。

智慧教学模式还为协作学习和跨文化交际搭建了便捷的平台。在线协作工具允许学生跨越时空限制，与不同背景的伙伴开展对话与讨论，碰撞思想火花。机器翻译、跨文化交际辅助系统等智能工具能够帮助学生突破语言文化障碍，与来自世界各地的学伴自由交流，拓宽国际视野。

（二）教学资源优化

人工智能与大数据技术的快速发展为教学资源的优化提供了新的思路和可能。在高校英语教学中，这两大技术的应用正在深刻地改变着传统的教学模式，推动着教学资源的多元化、个性化发展。利用人工智能技术，教师可以对海量的英语学习资源进行智能化处理和分析，快速筛选出与教学目标和学生需求相匹配的优质资源。例如，通过自然语言处理技术，教师可以对英语文本进行语义分析、难度评估，从而为不同水平的学生推荐适合的阅读材料。又如，借助

语音识别技术，教师可以为学生提供个性化的口语训练资源，让学生在与智能系统的交互中提升英语表达能力。这些由人工智能技术赋能的教学资源，既丰富了教学内容，又提升了教学的针对性和实效性。

大数据技术则为教学资源的动态优化提供了有力支撑。通过收集和分析学生在学习过程中产生的各类数据（如学习行为数据、学习效果数据等），教师可以全面、客观地把握学生的学习状况，发现存在的问题和优化的空间。基于数据分析结果，教师可以动态调整教学资源的配置，及时补充学生薄弱环节所需的资源，不断提升资源的利用效率。同时，大数据技术可以帮助教师发现学生的个性化需求，为其提供更加精准、更加贴合实际的学习资源。例如，通过对学生的学习兴趣、认知风格等进行大数据画像，教师可以为不同特征的学生量身定制个性化的学习资源包，最大限度地激发学生的学习潜能。

此外，人工智能与大数据技术还为教学资源的智能化生成和实时更新提供了技术支持。传统的教学资源往往依赖教师的手动开发，更新迭代的周期较长，难以适应快速变化的教学需求。而借助人工智能技术，教师可以利用智能算法自动生成教学资源，如根据语料库自动生成英语习题、根据知识图谱自动组织教学单元等。这些由智能技术生成的教学资源不仅数量更加丰富，质量也能得到有效保证。同时，大数据技术可以帮助教师实时监测教学资源的应用效果，根据反馈数据不断迭代优化资源质量，使教学资源能够与时俱进，满足教学实践的动态需求。

（三）学生学习体验提升

智能化教学平台利用人工智能技术，为每名学生提供量身定制的学习内容和进度安排。通过对学生学习行为数据的深度挖掘和分析，平台能够精准把握学生的学习特点和知识掌握情况，从而推送更加符合其认知水平和兴趣爱好的学习资源。这种个性化、适应性的学习方案，有效解决了“一刀切”式教学模式下学生学习动机不足、参与度低的问题。学生在与智能系统的互动中，感受到被重视、被关注，从而更加积极主动地投入到学习中去。

智能化教学平台还为学生营造了身临其境的学习情境，带来沉浸式的学习体验。利用虚拟现实、增强现实等技术手段，学生可以置身于逼真的语言环境中，与虚拟人物进行实时对话，参与情景模拟演练。这种沉浸式、体验式的学习方式，打破了传统课堂的时空限制，让学生在轻松愉悦的氛围中学以致用，学习效果事半功倍。沉浸式学习不仅激发了学生的学习兴趣，更锻炼了其语言运用能力和跨文化交际能力。

参考文献

[1] 顾荣,冯鸿莉,兰红梅.高校英语写作[M].长春:吉林人民出版社,2020.

[2] 李清.高校英语跨文化教学研究[M].长春:吉林人民出版社,2020.

[3] 刘亚娜.高校英语教学理论与实践探究[M].长春:吉林人民出版社,2020.

[4] 任玲玲,张婷婷.高校英语翻译有效教学研究[M].长春:吉林人民出版社,2020.

[5] 鲁静.思维创新在高校英语教学中的应用[M].长春:吉林人民出版社,2020.

[6] 赵丽.互联网背景下高校英语教育的创新发展[M].长春:吉林文史出版社,2021.

[7] 张金焕.高校英语教学设计优化与模式改革研究[M].长春:吉林人民出版社,2021.

[8] 王文倩.高校英语教师教学信念的构成与职业发展[M].北京:新华出版社,2020.

[9] 于明波.当代高校英语教学与混合式学习模式探究[M].北京:中国纺织出版社,2020.

[10] 朱晓萍.高校大学英语教学实践研究[M].西安:西北工业大学出版社,2020.

[11] 郑春伶.多元社会文化与大学英语教学研究[M].北京:北京工业大学出版社,2020.

[12] 柳希.现代大学英语教学理论与策略研究[M].延吉:延边大学出版社,2020.

[13] 仰姝.“互联网+”时代大学英语教学研究[M].北京:中国商务出版社,2020.